이것이
인공지능이다

이것이
인공지능이다

초판 1쇄 인쇄 2020년 7월 10일
6쇄 발행 2021년 4월 15일

지은이 **김명락**
펴낸이 **우세웅**
기획총괄 **우 민**
기획편집 **이양이 장보연**
콘텐츠기획·홍보 **박서영**
북디자인 **이선영**

펴낸곳 **슬로디미디어그룹**
신고번호 **제25100-2017-000035호**
신고년월일 **2017년 6월 13일**
주소 **서울특별시 마포구 월드컵북로 400, 상암동 서울산업진흥원(문화콘텐츠센터)5층 20호**
전화 **02)493-7780**
팩스 **0303)3442-7780**
전자우편 **wsw2525@gmail.com(원고투고·사업제휴)**
홈페이지 **slodymedia.modoo.at**
블로그 **slodymedia.xyz**
페이스북,인스타그램 **slodymedia**

ISBN 979-11-88977-52-9 (03320)
이 도서의 국립중앙도서관 출판예정도서목록(CIP)은 서지정보유통지원시스템 홈페이지(http://seoji.nl.go.kr)와 국가자료공동목록시스템(http://www.nl.go.kr/kolisnet)에서 이용하실 수 있습니다. (CIP제어번호 : CIP2020028693)

이것이 인공지능이다

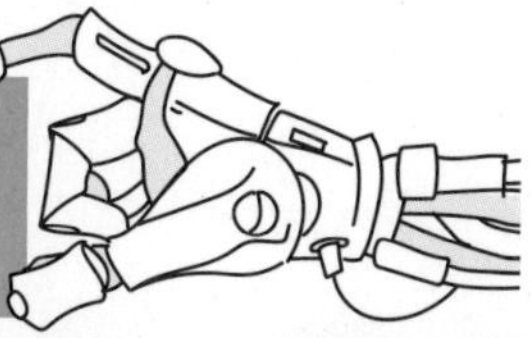

하룻밤에 읽는 AI(인공지능)의 모든 것!

김명락 지음

슬로디미디어

| 프롤로그 |

인공지능 파도가 오고 있다

인공지능이라는 용어가 점점 더 자주 우리 귀에 들리고 있다. 일시적인 유행이라고 하기에는 이런 현상이 꽤 오래 지속되고 있고 앞으로도 계속될 것으로 보인다. 남들은 인공지능 기술을 활용해서 무언가를 시도하고 있는 것처럼 느껴지는데 나만 가만히 있으면 시대에 뒤떨어지는 것 같아 어느새 두렵기도 하고 불안하기도 하다. 하지만 인공지능 기술을 제대로 배워보자니 어디서부터 어떻게 무엇을 시작해야 할지 엄두가 나지 않는다. 그래서 선택한 것이 책인데 시중에 나와 있는 인공지능 책들은 국가 차원의 전략이나 미래학자의 거대 담론, 인공지능 전문

개발자에게 필요한 매우 기술적인 설명으로 이루어진 것들이 대부분이다. 또는 실제로 인공지능 기술을 다뤄보지 않은 사람이 인공지능과 관련된 각종 사례들을 편집하여 자신의 주관적인 느낌이나 주장을 펼치고 있어서 오히려 더 혼란스럽기도 하다.

나는 초등학교 시절부터 컴퓨터 게임을 만들던 프로그래머로 활동했고, 이후로 30년이 넘는 세월 동안 IT(Information Technology) 시장이 DT(Data Technology) 시장으로 확대되는 모습을 직접 겪었다. 대학원에서는 빅데이터, 인공지능을 활용하여 핵융합 장치를 제어하는 연구를 했고, 10년 동안 대기업과 중견

기업에서 전략기획, 경영혁신, 신사업, 정보전략, 건설IT융합 업무를 수행했다. 또한 경영대학원에서 계속 공부하면서 조직의 문화와 프로세스, 시스템을 혁신하지 않고 인공지능을 포함한 신기술만을 도입해서는 제대로 된 변화가 이루어지지 않는다는 것을 직접 확인했다.

특히 첫 번째 벤처 창업의 실패를 경험 삼아 두 번째 창업을 했을 때는 인공지능 기술을 가지고 시장에서 생존하기 위해 필사의 노력을 다했다. 이 과정에서 인공지능에 대한 시장과 대중의 기대와 이해를 왜곡 없이 있는 그대로 접할 수 있었다. 이 책은 인공지능에 대한 거대 담론이나 인공지능 전문 개발자를 위한 기술 위주의 책이 아니다. 실제로 인공지능 기술을 다뤄보지 않은 사람이 쓴 기존 사례들의 열거도 아니고, 주관적인 느낌이나 주장의 나열도 아니다. 인공지능 기술을 실제로 다루고 있는 입장에서 인공지능 때문에 걱정스럽고 혼란스러운 일반인들이 꼭 알아야 되는 내용을 쉽게 전달하려고 노력했다.

우리가 인터넷 기술을 자세하게 알지 못해도 인터넷 검색을 하고, 메일을 주고받는 것이 충분히 가능한 것처럼 복잡한 인공지능 기술을 잘 모르더라도 인공지능 기술을 활용하는 것은 가능하다. 앞으로 본격적으로 다가올 인공지능 시대는 인공지능 기술을 만드는 사람들에 의해 시작되는 것이 아니라 인공지능을 각자의 관점으로 이해하고, 실제로 활용하기 위한 다양한 시도를 하는 보통의 사람들에 의해 시작될 것이다.

이 책을 읽은 후에 인공지능 시대의 들러리가 될지도 모른다는 두려움을 버리고, 자신이 앞으로 인류의 삶을 더욱 풍족하고 행복하게 만드는 데 필요한 주인공이라는 자신감을 얻게 될 것이다. 언제나 기술은 수단일 뿐이고 기술을 이해하고 활용하는 사람에 의해서 역사는 개척된다는 사실을 다시 한 번 더 일깨워 주고 싶다.

• 차 례 •

PART 1

인공지능 파도가 오고 있다

PART 2

인공지능 파도에 발을 담그자

PART 3

서핑을 잘하기 위한 유연성 기르기

PART 4

인공지능과 동행하기

PART 1

인공지능 파도가 오고 있다

AI

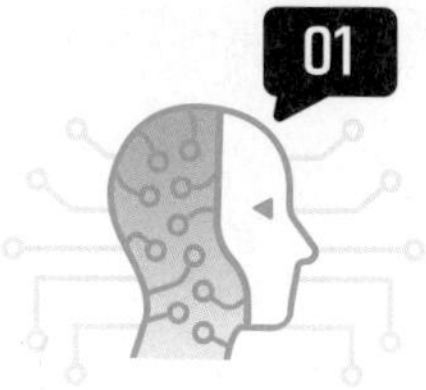

20세기 말 인터넷 광풍과 인공지능 시대의 데자뷔

컴퓨터의 시작은 약 70여 년 앨런 튜링 박사가 만든 튜링 기계에서 시작되었다. 그는 제2차 세계대전에서 독일군의 암호 체계인 에니그마(Enigma)를 해독하는 데 공헌하기도 했다. 그의 튜링 기계의 개념은 컴퓨터의 시작이자 인공지능(artificialintelligence;AI) 기술의 발전을 가져다주었다.

지난 시간 동안 인공지능 기술은 꾸준히 발전했다. 사람들은 이 기술에 열광했고 쉽게 실망하기도 했다. 그러나 현재는 인공지능 기술이 급격하게 발전했다고 말하기보다는 사람들의 생각과 기대, 인식이 달라졌다고 보는 게 맞는 말일 것이다. 인공지능 시대가 온다고 해서 모두 컴퓨터 학원이나 대학원을 다니며 개발에 몰두해야 하는 것은 아니다. 플랫폼을 만드는 사람이 되기보다는 그것을 잘 활용할 줄 아는 사람이 되어야 한다.

인공지능 파도가 다가오고 있다. 파도의 크기가 점점 더 커져서 쓰나미처럼 우리 삶의 많은 것들을 바꿀 것이다. 파도에 빠져서 죽느냐, 서핑을 즐기며 가 보지 못했던 세계로 나아가느냐 하는 것은 자신의 선택에 달려 있다. 인공지능 파도 위에서 신나게 놀기 위해서는 어떻게 해야 하는지 이제부터 알아보자.

21세기를 앞둔 1999년은 우려와 걱정이 혼란스럽게 나타나는 시기였다. 초기 컴퓨터는 메모리가 부족하여 연도를 표기할 때 관행적으로 1988년은 19를 생략하고 88로 표기하였는데, 1999년에서 2000년이 되는 순간 컴퓨터가 1900년인지 2000년인지 인식하지 못할 것이라는 Y2K 문제가 크게 대두되었다. 이 문제 때문에 2000년이 되면 원자력발전소가 폭발하고 비행기가 추락한다는 우려도 있었고, 종말론자들에게는 상상력을 한껏 발휘시켜 주는 시기였다. 이런 분위기에 힘입어 1998년부터 1999년은 대한민국에서 닷컴(.com) 거품이 거세게 일었다.

인터넷 기술이 본격적으로 대중화되던 시절의 닷컴(.com) 거품 시기에는 인터넷 주소로 연결되는 웹사이트로 사업을 하겠다는 계획만 세우면 투자자를 쉽게 찾을 수 있었다. 소위 묻지 마 투자 광풍, IT 버블이라고 불리던 시절이었다. 예를 들어 'www.lovedog.com'이라는 웹사이트를 만들어서 이곳에서 분양하는 강아지들의 사진을 올려놓고 사람들이 확인 후 선택해서 분양을 받을 수 있다는 사업계획서만 있으면 얼마든지 투자를 받을 수 있었다.

이러한 현상은 인터넷이라는 기술만 도입하면 엄청난 성과가 만들어질 것이라는 기대가 높았기 때문에 가능했다. 그러나 시간이 지나고 보니 이 기대에 부합하는 상황은 쉽게 일어나지 않았다. 많은 닷컴 벤처 기업들은 단시간에 목표 달성을 하지 못했고, 어느새 벤처 열기까지 하락하며 거품은 사라졌다.

나는 컴퓨터 게임을 직접 만들던 IT 키즈였다. 초등학교 시절부터 컴퓨터 게임을 만들며 프로그래머로 활동했고, 고등학교 1학년 때까지는 컴퓨터 학원에 다니고 컴퓨터 공학을 독학하면서 컴퓨터 게임을 만드는 데 열중했다. 그러다가 고등학교 2학년부터는 본격적인 입시 준비를 하게 되었지만 대학교를 진학한 뒤에도 프로그래밍을 계속하면서 컴퓨터 분야가 어떻게 변하고 발전하고 있는지 지켜보았다.

1998년부터 1999년은 스타트업의 거품이 한창이었다. 나도 이 기회를 잡아서 뭔가를 해봐야겠다는 생각이 들었지만 앞으로 이 열기가 계속 이어지리라는 보장이 없어 보였다. 실제로 내가 군 복무를 마친 2002년에는 거품이 모두 사라져 있었고, 대학교 친구들과 IT 벤처 회사를 창업했지만 결국 2005년에 폐업했다.

2000년대 초반의 IT 벤처 회사들은 나름 미래에 대한 희망적이고 긍정적인 비전과 계획을 내놨다. 그러나 시간이 지난 뒤 생각해 보니 이 회사들이 제시했던 것들이 틀렸다기보다는 그들이 생각했던 것이 실현되는 데 소요되는 시간이 오래 걸렸다. 이 시기에 내실 있게 버티며 비전과 계획을 실행한 회사들은 지금의 구글과 아마존 같은 초우량 기업이 되었고, 견디지 못한 회사들은 흔적도 없이 사라졌다.

1990년대 후반부터 2000년대 초 닷컴 거품 시기를 되돌아보면, 누구나 인터넷 기술을 잘 알아야 될 것처럼 오해되었다. 하지만 인터넷 기술 자체는 전문가에게 의뢰하면 충분한 것이었고, 오히려 이 기술이 앞으로 세상을 어떻게 바꿀 것인지를 이해하고 대비하는 사람들이 앞서 나갔다. HTML 문법을 잘 몰라도 홈페이지를 이용하는 데 아무런 문제가 없고, 서버 설정을 할 줄 몰라도 이메일을 얼마든지 주고받을 수 있는 것처럼, 인공지능 기술을 잘 몰라도 인공지능을 충분히 잘 활용할 수 있으면 된다.

암호 화폐의 광풍도 마찬가지다. 최근에 전 세계에 존재하는 약 5,000여 개의 암호 화폐들을 대상으로 암호 화폐의 향후 성공 가능성을 인공지능으로 예측하는 프로젝트를 진행했다. 이 프로젝트를 진행하면서 각각의 암호 화폐들이 나름 훌륭한 백서(암호 화폐를 어떻게 만들지에 대한 계획)를 제시하고 있다는 것을 알게 되었다. 그러나 자신들의 백서가 매우 빠른 시기 안에 실제로 구현될 것처럼 얘기하고 있지만, 실제로는 그렇지 못할 것이다. 바로 이 부분이 최근 암호 화폐의 가치가 떨어지게 된 근본적인 원인인데, 20년 전의 닷컴 열풍과 본질적으로 비슷한 점이 많다.

사람들은 빅데이터와 인공지능 기술에 기대를 한다. 20년 전의 인터넷 기술이나 최근의 블록체인 기술은 사람들에게 기대와 실망감을 동시에 안겨 주는 것을 반복하면서 이제는 세상에 없으면 안 되는 기술이 되었다. 이와 마찬가지로 인공지능 기술도 우리 생활에 밀접한 연관이 될 것이다.

그렇다면 왜 기술이 실생활에 적용되기까지 오랜 시간이 걸리는 것일까? 위에서도 말했지만 그것은 기술이 발전하는 것에 비해 사람들이 그것을 제대로 이해하고 활용하는 데까지 시간이 더 많이 걸리기 때문이다.

나는 2005년에 첫 사업에 실패한 후 10년 동안 직장생활을 했다. 그리고 주말에는 경영 대학원을 다니면서 두 번째 창업을 계속 준비했다. 다행히 2015년에 빅데이터와 인공지능을 활용한 스타트업을 창업해서 지금까지 생존하고 있다.

스타트업 창업은 유명한 회사의 명함이나 직위가 있는 것이 아니어서 그 어떤 후광 효과도 없이 오직 맨몸으로 생존해야 했다. 그런데 그것이 오히려 내가 살아남을 수 있었던 비결이 되었다. 내가 속한 조직의 권위 같은 것들이 없었기 때문에 상대방의 생각을 가감 없이 솔직하게 들을 수 있었다. 바로 이 생각들을 참고하고 극복하며 필사적으로 시도했던 것이 좋은 결과로 이어지게 되었다.

인공지능이 세상을 바꾸고, 긍정적인 방향으로 활용되느냐 그렇지 않느냐는 그 기술을 개발하는 사람들의 손에 달린 것이 아니라 그것을 이해하고 활용하는 평범한 사람들에 의해 결정된다.

나는 현장에서 평범한 사람들의 살아 있는 의견을 듣고 반응을 계속 살폈다. 그리고 내가 가지고 있는 기술력을 이해시키고 설득하며 인공지능의 역할에 대해 더 깊이 있게 연구할 수 있었다.

이제 궁극적으로 빅데이터와 인공지능을 어떻게 활용하면 좋을지 하나씩 이야기해 보려고 한다. 인공지능에 대한 어렵고 깊이 있는 기술적인 이야기보다는 이 기술을 더 잘 활용할 수 있도록 접근해 보자.

오히려 늘어난 종이 소비량

컴퓨터의 보급으로 종이 소비량이 감소할 것이라는 전망이 있었다. 하지만 최근 조사 결과는 오히려 종이의 사용량이 폭발적으로 증가했다. 이유는 할 수 있는 일의 가짓수가 증가했기 때문이다. 더 쉽게 말해서 컴퓨터가 보급되기 전에는 10가지 일을 하는데 각 1장의 종이로 10장을 썼다면 컴퓨터로 인해 늘어난 일은 200가지로 그중 10퍼센트 정도 종이가 필요하다고 해도 20장이 된 것이다. 위와 같이 종이가 필요한 일의 비율이 100퍼센트에서 10퍼센트로 줄었지만, 컴퓨터를 활용해 할 수 있는 일의 양이 늘어남으로 종이는 더 필요해졌다.

인공지능 시대가 본격적으로 시작되면 사람이 일을 하지 않아도 될 것이다. 그러나 아무리 인공지능이 뛰어나다고 해도 사람이 해야 하고, 할 수밖에 없는 일이 존재하기 마련이다. 바로 인공지능이 사람을 대신하는 비율이 높아지겠지만, 인공지능을 활용하여 인간이 할 수 있는 일의 양과 범위가 커지면서 종이 사용량처럼 사람만이 할 수 있는 고유 영역 또한 늘어날 것이다.

현재 인공지능은 사람보다 더 빠르고 완벽한 문장으로 생일 축하 메시지를 쓸 수 있다. 하지만 사람이 직접 손으로 쓰는 감성까지 대신할 수 없다. 이는 마치 전자책이 종이책의 바스락거림을 구현할 수 없는 것처럼 말이다. 사람이 쓴 편지가 비록 성능적인 관점에서 완벽하지 않아도 이 부분까지 인공지능이 대체하지는 않을 것이다.

기계장치가 산업 현장에 본격적으로 도입되면서 기계가 사람들의 일자리를 빼앗는 것처럼 보였다. 하지만 150년 이전과 최근을 비교해 보면 직업의 수가 오히려 더 많이 증가했음을 알 수 있다. 단순 노동은 기계가 전담하게 되었고, 의사결정을 해야 하는 일이나 창의적인 문제 해결 능력이 병행되어야 하는 일은 더 사람에게 의존하게 되었다. 물론 기계로 인해 사람이 잃은 일자리도 있지만 반대로 오히려 더 몸값이 크게 오른 일자리들도 있었다.

기계로 시속 200킬로미터 이상의 광속구를 던지는 로봇 투수 팔은 얼마든지 만들 수 있고, 한 번의 실수도 없이 페널티 킥을 성공시키는 로봇 축구 선수를 만들 수 있다. 하지만 사람이 아닌 기계가 공을 던지고 페널티 킥을 차는 것을 보고 싶어 하는 관중은 드물 것이다. 그래서 프로 스포츠 선수의 몸값은 대중들의 기대에 힘입어 상승 중이다.

이같이 인공지능이 본격화되면 대체되는 사람과 몸값이 오르는 사람들로 양분화 될 것이다. 기계장치가 작동하는 원리를 알고 대응한다면 대체 불가한 영역이 무엇인지 알 수 있게 되는 것이다. 마찬가지로 인공지능이 무엇이고, 어떤 원리로 결과를 만들어 내는지를 이해한다면 미래의 직업 선택에도 영향을 끼칠 것이다.

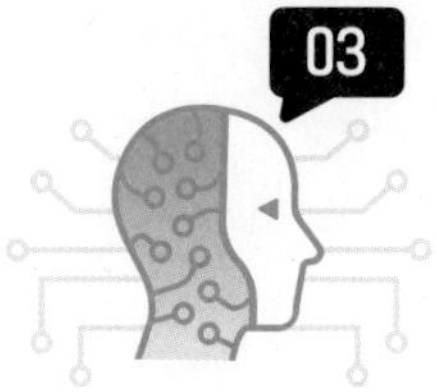

IT와 DT는 이 정도만 알면 충분하다

인공지능을 이해하기 위해서는 먼저 빅데이터가 무엇인지 알아야 한다. 빅데이터를 알기 위해서는 데이터 테크놀로지(Data Technology;DT)가 무엇인지 정확하게 이해해야 한다. DT는 다시 인포메이션 테크놀로지(Information Technology;IT)가 발전한 것이다. 이제 본격적으로 IT에 대해서 살펴보자.

IT와 컴퓨터를 동일시하는 경우가 많다. 컴퓨터 공학과 IT는 아래 그림의 C와 같이 겹치는 경우가 많지만 일치하지는 않는다. 자동제어와 통신, 전기공학은 컴퓨터 공학과 관련된 영역이지만 IT가 아니다. 반면에 도서관 분류 체계와 인쇄술은 IT이지만 컴

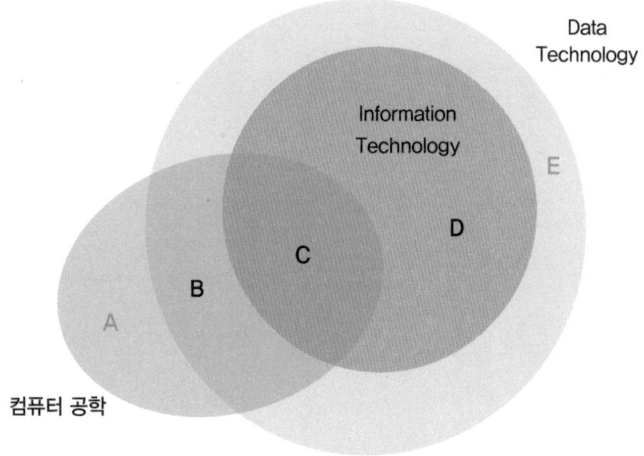

A : 자동제어, 통신, 전기공학
B : 빅데이터, 인공지능
C : PC, 스마트폰, 컴퓨터용 프로그램, 모바일 앱
D : 인쇄술, 도서관 자료 분류 체계
E : 방대한 데이터를 컴퓨터 공학의 도움 없이 처리하는 것이 가능할까?

퓨터 공학이 존재하지 않던 때부터 있었던 영역이다. 만약 도서관에서 책들이 아무 체계나 기준도 없이 비치되어 있다면 책을 찾는 일 자체가 불가능할 것이다. 문헌정보학은 컴퓨터가 존재하기 훨씬 이전부터 책의 분류를 체계적으로 다뤘다. 문헌정보학이 했던 일이 바로 IT이며 컴퓨터가 없이도 그 역할을 다 할 수 있다.

동서양의 역사를 가른 가장 중요한 IT는 금속활자 인쇄술이다. 서양 최초의 금속활자 인쇄본은 1455년 구텐베르크의 42행 성서이고, 동양에서는 고려 시대인 1377년에 금속활자로 직지를 인쇄했다. 그러니 우리의 금속활자 인쇄술이 서양보다 78년이 앞선 셈이다. 1234년부터 1241년까지 고금상정예문의 복사본을 금속활자로 28부를 찍어서 여러 관청에 나누어 보관했다는 기록이 《동국이상국집》에 기록되어 있다. 이 기록까지 고려하면 우리의 금속활자 인쇄술은 서양보다 최소 214년에서 최대 221년이 앞선다.

우리나라의 금속활자 인쇄술이 서양보다 시기적으로 앞선 것은 분명하나 금속활자 인쇄술을 활용하는 방식은 크게 달랐다. 조선시대에는 《조선왕조실록》을 4부로 복사하여 서울(춘추관), 충주, 성주, 전주 사고에 보관했다. 임진왜란 때 서울, 충주, 성주의 실록들은 모두 소실되었지만, 다행히 전주 사고는 소실되지 않아 조선왕조실록을 지킬 수 있었다. 우리의 선조들은 금속활자 인쇄술을 자료를 보관하는 데 활용한 것이다.

로마 시대에 기독교는 오랜 시간 동안 핍박을 받았다. AD 313년에 콘스탄티누스 황제에 의해서 기독교가 공인되었는데, 시간이 지남에 따라 기독교와 로마 정치권력이 결탁하여 기독교가 부패하기 시작했다. 중세 암흑기가 본격적으로 시작되면서 면죄부를 돈을 주고 사면 죄가 없어져서 천국에 갈 수 있다는 잘못된 믿음이 퍼졌다. 성경 그 어디에도 면죄부라는 내용은 없지만 위정자들은 자신들의 이익을 위해 거짓을 만들었다.

그 당시의 성경책은 라틴어로 쓰여 있었는데, 라틴어는 읽고 쓰기가 매우 어려운 언어로 일반 대중이 익힐 수 있는 언어가 아니었다. 그래서 라틴어로 쓰인 성경책을 제대로 읽을 수 있는 사람은 극소수였다. 대부분의 대중들은 자신이 기독교 신자임에도 불구하고 한평생 동안 성경책을 제대로 읽어 보지도 못한 채 잘못된 믿음으로 산 셈이다.

종교개혁가인 마틴 루터는 대중들에게 친숙한 독일어 성경책을 배포하면서 성경 그 어디에도 면죄부와 같은 말은 없다고 이야기했다. 독일어 성경은 구텐베르크 금속활자 인쇄술로 대량으로 인쇄할 수 있었고, 인쇄된 독일어 성경책은 유럽 전역으로 빠르게 퍼졌다. 독일어 성경책을 읽은 사람들은 면죄부를 포함하여 위정자들이 거짓으로 만들어 놓은 잘못된 믿음이 중세 유럽을 좌지우지했다는 사실을 알게 되었다. 그 후, 종교개혁으로 이어졌고 르네상스까지 확대되었다. 서양에서는 금속활자 인쇄술을 지식의 공유와 확대에 활용했다.

똑같은 금속활자 인쇄술을 두고 동양에서는 지식의 저장 창고로 활용했고, 서양에서는 지식의 공유와 확대로써 활용했다. 이 부분이 바로 동양보다 서양이 더 먼저 근대화에 성공한 요인이 되었다고 볼 수 있다. 금속활자 인쇄술은 서양이 동양을 앞설 수 있게 만들 만큼 중요한 IT이지만, 알고 보면 컴퓨터가 발명되기 수백 년 전부터 이미 존재했던 기술이다.

문헌정보학과 금속활자 인쇄술 사례에서 알 수 있듯이, IT라고 해서 모두 컴퓨터와 관련된 것은 아니다. 1970년대까지만 해도 컴퓨터가 집에 있는 것은 비행기가 집에 있는 것처럼 매우 희귀한 일이었다. 컴퓨터 가격이 매우 비쌌기도 했지만 공간을 많이 차지했기 때문이다.

1980년대에 퍼스널 컴퓨터(Personal Computer;PC)가 대중화되면서 소형 가전제품으로 저렴한 가격에 시장에 나오기 시작했다. PC의 보급으로 IT가 대중화되고 3차 산업혁명, 즉 정보화 혁명이 시작되었다. 1990년대 후반부터 인터넷이 대중화되면서 IT는 인포메이션 커뮤니케이션 테크놀로지(Information Communication Technology;ICT)로 확대되었다. PC와 인터넷이 IT 시대를 견인한 것에는 의심의 여지가 없을 것이다.

1990년대의 인터넷은 웹(web)[1] 1.0 기술을 기반으로 했고, 2000년대가 되면서 웹2.0으로 발전했다. 웹1.0에서는 인터넷에서 정보를 제공하는 사람과 수용하는 사람이 구별되는 방식이었다. 그러나 웹2.0에서는 이 모든 것이 구별되는 것이 아니라, 정보 제

1) 보통 www(world wide web)이라고 불린다. 정보 검색 서비스로 텍스트만 제공했던 기존의 정보 서비스와는 달리 그림, 동영상, 소리 등도 지원하고 있다. – 박병천 외(2011), 한글 글꼴 용어사전, 세종대왕기념사업회

공자와 수용자가 서로 섞이게 된다. 인터넷에서 많은 정보를 찾기도 하지만 찾아낸 정보를 적극적으로 제3자에게 공유하거나 글을 남기기도 한다. 이렇게 수많은 인터넷 사용자가 정보 수용자에 머물지 않고 정보 제공자 역할을 하면서 인터넷에서의 데이터 양은 폭발적으로 증가했다.

M2M(Machine to Machine)[2], IoT(Internet of Things)[3]와 같은 기술들이 발전하면서 저렴하고 적은 전력으로도 오랜 기간 작동하는 센서로 정보를 수집하는 일이 가능해졌다.[4] 웹2.0 인터넷 기술 발전에 따른 인터넷 데이터 양의 폭증과 센서를 통한 데이터 수집의 확대로 더 많은 데이터를 수집하는 것이 쉬워진 것이다. 수집할 수 있는 데이터 양이 증가하면서 IT는 DT로 확대되었다.

---

2) 기계와 기계간에 이뤄지는 통신이다. 우리 주변에 있는 모든 기기가 센서로 모은 단편 정보를 다른 기기와 통신하면서 인간이 윤택하고 편리하게 생활할 수 있도록 서로 반응해 주변 환경을 조절해 주는 기술이다. – 김환표(2013), 트렌드 지식 사전 1, 인문과사상사

3) 사물 인터넷은 세상의 모든 사물들이 네트워크로 연결되어 서로 소통할 수 있는 것을 말한다. – 김대호(2016), 4차 산업혁명, 커뮤니케이션북스

4) 김정섭(2019), 초연결사회의 탄생 모든 것은 어떻게 연결되었나, 위키미디어

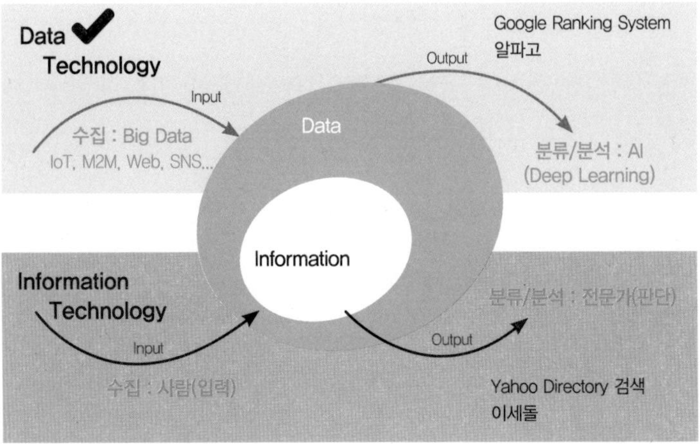

예를 들어서 100개의 데이터가 발생하면, 이중에서 쓸모 있고 의미 있는 것을 사람이 선별한다. 이렇게 선별한 10개의 데이터를 인포메이션(Information)이라고 부른다. 이렇게 수집 단계에서 선별한 정보를 잘 저장하고 관리한 후 사람의 판단력으로 분류한다. 인포메이션을 수집하고 저장하고 관리, 활용할 수 있는 기술을 IT라고 한다. IT를 잘 활용하여 인포메이션을 잘 다루기 시작한 것이 바로 1980년대부터 시작된 제3차 산업혁명, 즉 정보화 혁명이었다. 그런데 지금은 100개의 데이터가 발생하면, 10개의 인포메이션과 그렇지 않은 90개의 인포메이션을 구분하지 않고, 100개의 데이터를 모두 저장한다.

데이터 저장 장치가 저렴해졌고, 클라우드 컴퓨팅(Cloud

Computing)[5]의 대중화로 예전에 비해 방대한 데이터를 보다 저렴한 비용으로 저장할 수 있게 되었다. 이렇게 저장한 100개의 데이터를 인간의 판단력이 아니라 인공지능을 활용하여 분류, 분석하면 알파고[6]처럼 놀랄 만한 성과를 만들 수도 있다. 전체 데이터를 잘 수집하고 저장하며 관리하는 것을 도와주는 기술을 DT라고 한다.

IT와 DT의 차이는 인간의 판단력이 중심이 되느냐, 인간의 판단력에 대한 과신을 내려놓고 데이터 안에서 메시지와 패턴을 찾느냐이다. 100개 데이터 전체를 빅데이터라고 하고, 빅데이터를 인공지능을 활용하여 분류, 분석하게 되는 것이다. 이렇게 빅데이터와 인공지능이 포함된 DT를 활용한 혁신이 바로 4차 산업혁명이다.[7]

---

5) 정보 처리를 자신의 컴퓨터가 아닌 인터넷으로 연결된 다른 컴퓨터로 처리하는 기술을 말한다. – 정용찬(2013), 빅데이터, 커뮤니케이션북스

6) 구글이 인수한 딥마인드(Deep Mind)라는 딥러닝 전문 기술 개발 회사가 만든 인공지능 바둑이다. 이세돌 9단과 커제 9단을 완파했다.

7) 최은수(2018), 4차 산업혁명 그 이후 미래의 지배자들, 비즈니스북스

04

빅데이터가 필요한 이유

'빅데이터'란 기존 데이터베이스 관리 도구로 데이터를 수집하고 저장하며 관리, 분석할 수 있는 역량을 넘어서는 대량의 정형 또는 비정형 데이터 세트 및 이러한 데이터로부터 가치를 추출하고 결과는 분석하는 기술이다. 그러나 이러한 정의만으로는 이해하기가 쉽지 않을 수 있다. 예를 들어 '돈'에 대한 정의만 보더라도 '사물의 가치를 나타내며, 상품의 교환을 매개하고, 재산 축적의 대상으로도 사용하는 물건'이라는 뜻이 나온다. 그러나 이 뜻만 본다면 돈이 왜 중요하다는 것인지, 모으라는 것인지 쓰라는 것인지 알 수가 없다.

지금부터 내가 5년째 빅데이터와 관련된 일을 하면서 회사를 유지해 온 입장에서 빅데이터라는 것이 실제로는 어떤 의미인지 하나씩 이야기해 보려고 한다.

위 그림은 디에고 벨라스케스의 「시녀들(1659년)」이다. 원래 그림은 다소 어두워서 50퍼센트 정도로 밝기를 올렸다. 이 그림은 구도가 뛰어난 명작이기도 해서 후대 미술가들에 의해서 많이 패러디되기도 했다. 여기서 그림과 관련하여 몇 가지 질문을 해 보겠다.

| 질문 1 | 그림에 나오는 사람은 모두 몇 명인가?

관찰력이 뛰어난 사람은 이 문제를 쉽게 맞힐 수 있다. 9명이라고 답하거나 9명 전후로 답하는 사람이 많을 것이다. 9명이라고 답했다면 거의 정답이다. 그런데 그림 중앙에 위치한 거울에 비친 2명까지 포함한다면 11명이 더 정확한 정답일 것이다. 거울에 비친 부부로 보이는 2명이 화가에게 그림을 의뢰했던 사람들이고 이 부부를 포함하면 총 11명이다.

| 질문 2 | 그림 안의 화가가 그리려고 하는 대상은 몇 명인가?

그림 좌측 큰 캔버스 앞에 붓을 들고 서 있는 사람이 벨라스케스인데, 그 앞에 있는 사람은 모두 5명이다. 따라서 벨라스케스가 그리려고 하는 사람이 5명이라고 볼 수도 있고, 벨라스케스 눈의 각도를 보면 2명 또는 3명이라고 볼 수도 있다.

| 질문 3 | 벨라스케스를 지켜보고 있는 사람은 모두 몇 명인가?

이 문제를 맞히려면 그림 안에 등장하는 사람들마다 어디를 쳐다보고 있는지를 알아야 한다. 4명 정도는 화가를 쳐다보고 있다고 볼 수 있을 것 같다.

| **질문 4** | 그림 안에 있는 액자들은 모두 몇 개인가?

그림 안에 액자가 있었다는 사실 조차도 모르는 경우가 많을 것이다. 원래 벨라스케스 그림은 어두워서 액자가 잘 안 보이기도 하는데, 이런 점 때문에 명도를 원래보다 높였다. 액자를 다 세어 보면 10개 또는 11개 정도다.

인원수를 세는 것은 맞히기 쉽지만 액자의 개수를 맞추는 것은 왜 훨씬 더 어려울까? 어릴 때부터 사람의 수와 사람 사이의 관계를 더 중요하게 여기는 문화에서 교육받았기 때문에 그림 안에 있는 많은 데이터 중에서 사람과 관련된 정보를 우선적으로 파악한 것이다. 반면에 액자 개수는 상대적으로 덜 중요한 정보이기 때문에 존재 자체를 무시하거나, 세기 위한 노력을 덜 기울이게 된다.

객관적이라는 이야기를 자주 쓰지만, 사람은 객관적이기 어렵다. 연구[8]에 의하면 인간이 시각, 청각, 후각, 촉각, 미각을 통

8) 유영갑, 송영준, 김동우(2009), 인간 감각 정보를 위한 평생 기억 용량 평가, 한국콘텐츠학회논문지 제9권 제1호

해 하루 평균 받아들이는 데이터의 양은 약 14GB에 이른다. 이 중에서 시각 데이터가 전체의 71퍼센트에 이르는 10GB나 된다. 아침부터 밤까지 눈을 통해서 받아들이는 시각 데이터의 양이 16GB USB 메모리를 꽉 채울 만큼 엄청난 양인데, 이 중에서 단기 기억으로 넘어가는 시각 데이터는 아주 일부일 수밖에 없다.

단기 기억 중에서 일부는 꿈을 통해 기존 기억과 결합하고 나머지 불필요한 기억은 정리되기 때문에 장기 기억으로 넘어가는 것이 극히 일부분이다.

즉, 우리는 매일 받아들이는 10GB의 시각 데이터 중에서 극히 일부분만을 기억하고 있는 것이다. 매일 받아들이는 10GB의 시각 데이터를 인간은 모두 저장할 수는 없기 때문에 필연적으로 중요하다고 생각되는 것 위주로 기억한다.

벨라스케스의 그림을 보고 사람이 중요하다고 생각하는 사람은 사람의 수, 사람 간의 관계 위주로 기억한다. 반대로 액자가 더 중요하다고 생각하는 사람은 액자의 수를 먼저 기억하게 된다.

사람의 수를 우선적으로 센 사람은 액자의 수를 먼저 센 사람이 잘 이해되지 않을 수 있고, 반대의 경우도 마찬가지다. 하지만 컴퓨터는 양쪽 다 이해가 되지 않는다. 왜냐하면 컴퓨터는 사람의 수와 액자의 수뿐만 아니라 벨라스케스의 그림 안에 있는 데이터들을 모두 빠짐없이 기억해 낼 수 있기 때문이다.

인간과 컴퓨터의 이런 차이가 바로 빅데이터라 불리는 것이 세상이 나타난 근본 원인이다.

빅데이터가 아니라 올데이터

빅데이터에 대한 흔한 오해는 데이터의 양이 많으면 빅데이터이고 그렇지 않으면 빅데이터가 아니라는 것이다. 제철소 용광로에 온도 센서가 있고, 이 온도 센서가 10분마다 온도 값을 송출하는 경우를 생각해 보자. 10분마다 1개의 온도 값이 측정되므로 1시간에 6개이고, 온종일 수집되는 온도 값의 수도 144개 밖에 되지 않는다. 이 144개의 값을 인포메이션으로 거르지 않고 모두 저장한다면 이 데이터는 빅데이터라고 할 수 있다. 반면에 연구자가 10억 개의 데이터 중 1억 개의 인포메이션을 선별했다면, 이 1억 개의 양은 인포메이션일 뿐 빅데이터는 아니다.

빅데이터는 데이터의 양으로 구분하는 것이 아니라 전체 데이터 중 일부를 인포메이션으로 선별했는지 여부다. 따라서 빅데이터라는 표현보다는 올데이터(All Data)라는 표현이 정확한 표현이다. 발생한 데이터를 선별하지 않고 모두 수용했다면 올데이터, 즉 빅데이터인 것이고 그렇지 않다면 빅데이터가 아닌 것이다.

빅데이터 양의 약 80퍼센트 정도는 SNS(Social Network Service)[9], 웹과 같은 인터넷으로부터 수집되고, 나머지 약 20퍼센트 정도가 M2M, IoT과 같은 센서로부터 수집된다. 이렇게 빅데이터가 수집되는 원천을 빅데이터 소스라고 부르는데, 이 소스를 통해 새로운 빅데이터가 추가 생성되고, 기존에 생성되었던 빅데이터가 계속 수정되는 특성이 있다.

사람이 빅데이터를 판단하여 분석하는 것보다 인공지능으로 분석하는 것이 더 좋은 이유는 크게 두 가지다. 첫 번째는 사람의 판단으로 처리하기에는 빅데이터의 양이 많다는 점이고, 두 번째는 사람의 논리로 빅데이터를 해석하면 전체 데이터 중 일

9) 특정한 관심이나 활동을 공유하는 사람들 사이의 관계망을 구축해 주는 온라인 서비스 – 이재현(2013), 멀티미디어, 커뮤니케이션북스

부분은 깔끔하게 해석되지만 나머지 일부분은 그렇지 않을 수 있다는 점이다. 전체 데이터 중 일부를 인포메이션인 것과 그렇지 않은 것으로 선별할 때, 인간이 염두에 두고 있는 논리와 관련이 있는 데이터는 인포메이션으로 선별하고, 그렇지 않은 것은 인포메이션이 아닌 것으로 선별했을 가능성이 크다.

예를 들어서 고등학생의 학습량과 성적의 관계를 연구하려고 하는 연구자는 수업 시간, 수면 시간, 통학 시간, 자율학습 시간 등 학습량과 관련 있어 보이는 데이터들은 인포메이션으로 분류하고, 신발 사이즈와 외투의 수, 좋아하는 아이돌 그룹 등과 같은 데이터는 인포메이션이 아닌 것으로 분류했을 것이다.

빅데이터 안에는 학습 시간, 수면 시간뿐만 아니라 신발 사이즈와 좋아하는 아이돌 그룹 등의 데이터도 포함되어 있기 때문에 '학습 시간과 성적이 정비례한다'와 같은 논리로는 전체 데이터를 해석하기가 쉽지 않다.

인포메이션 안에 의미 있는 메시지나 패턴이 있는 경우라면 기존의 IT로 충분할 수 있다. 하지만 인포메이션이 아닌 데이터 안에 의미 있는 메시지나 패턴이 있는 경우에는 IT가 이것을 놓치게 된다. 바둑의 정석과 같이 인간의 논리로 생각할 수 있는 수들이 인포메이션 안에 포함된 것이라면, 알파고가 이세돌 9단과 바둑을 둘 때 마치 바둑의 정석에 벗어나는 희한한 수로 보였지만, 바둑 대국이 끝나고 돌이켜 봤을 때, 전체 바둑을 유리하게 만들었던 수들은 인포메이션이 아닌 데이터에 위치한 패턴에 해당했던 것이다.

같은 학교에 다니는 이성 친구들 모두의 핸드폰 번호가 올데이터(빅데이터)라면 관심 있는 소수의 핸드폰 번호는 인포메이션이 된다. 많은 세월이 흐른 후에 이것에 포함된 이성과 결혼할 수도 있지만, 인포메이션이 아닌 올데이터 안에 있던 이성과 결혼을 할 수도 있다. IT는 인포메이션 안에서만 결혼 상대가 있을 수 있다고 가정하기 때문에 인포메이션 외에 올데이터의 가능성을 놓칠 수 있게 된다. 반면에 DT는 올데이터의 가능성을 놓치지 않는다.

1990년대부터 2000년대 초까지 인터넷 검색 포털 서비스의 전 세계 1위 업체는 야후였다. 야후 홈페이지의 첫 화면에는 정치, 경제, 스포츠, 문화 등 분야별 분류가 제시되었고, 이 분야는 다시 세분화되었다. 예를 들어서 영화와 관련된 검색을 야후에서 한다면 문화 분야를 선택한 후 다시 영화 분야를 선택한 다음에 검색을 해야 했다. 각 분야별로 전문성이 있는 직원들이 선별한 정보들이 검색 결과로 제공되었다. 즉 야후의 검색 결과는 올데이터에서 선별된 인포메이션이었던 것이다.

야후의 방식은 전문가에 의해 선별된 인포메이션을 제공하는 것이었기 때문에 완성도가 높았다. 반면에 구글은 1996년부터 랭킹 시스템(ranking system)이라는 인공지능을 기반으로 검색 결과를 제공했다. 인터넷에 존재하는 전체 데이터 중에서 사람들이 많이 조회하고 랭킹이 높은 정보들을 검색 결과 페이지의 상단에 배치했다. 야후처럼 전문가에 의해서 걸러진 정보가 아니라 조회 수나 링크 수의 영향이 많았기 때문에 조악한 결과가 많았다. 하지만 시간이 지남에 따라 야후의 검색 결과는 더 이상 발전하지 못하고 제자리에 머물렀지만 구글의 검색 결과는 계속해서 발전했다. 구글에서 검색해서 결과가 나오지 않으면 인터넷에 그 자료는 아예 없는 수준까지 이르게 되자 야후는 구글과의 경쟁에서 패했다. 20년 전에 야후가 IT를 다루는 동안 구글은 DT를 다뤘던 것이다. 구글의 기술이 야후를 앞섰다기보다는 구글의 통찰력이 야후를 앞섰기 때문에 경쟁에서 살아남았던 것이다.

3차 산업혁명의 기반 기술인 IT는 인간이 선별한 인포메이션에서만 결과를 도출한다면, 4차 산업혁명의 기반 기술인 DT는 전체 자료를 인공지능으로 분석하여 결과를 도출한 것으로 사람이 놓쳤던 패턴이나 메시지를 놓치지 않을 확률이 좀 더 커졌다. IT는 사고력이 중심이 되어 인포메이션을 처리한다.

반면, DT는 인간의 사고력을 내려놓고, 올데이터에서 패턴이나 메시지가 마치 매직아이가 떠오르듯이 나타나도록 하는 기술이다. DT는 인간의 사고력 안에서 답을 찾는 것이 아니라 올데이터 안에서 답이 나타나도록 하는 방식이기 때문에 데이터드리븐(Data-Driven)이라는 표현을 쓰기도 한다. DT의 2가지 핵심 기술이 바로 빅데이터와 인공지능이다.

떼려야 뗄 수 없는 빅데이터와 인공지능

인공지능의 기반은 철학, 수학, 경제학, 신경과학, 심리학, 컴퓨터 공학, 제어 이론과 인공두뇌학, 언어학이고 인공지능을 기술적인 관점에서 분류하면 대략적으로 검색, 제약 만족 문제, 논리적 에이전트, 계획 수립, 지식 기반 시스템, 확률적 추론, 의사결정, 머신러닝, 자연어 처리로 나눌 수 있다.[10] 따라서 인공지능은 매우 범위가 큰 학문이다.

---

10) 스튜어드 러셀, 피터 노빅 지음/류광 옮김(2016), 인공지능 현대적 접근방식 1/2, 제이펍

만약 어떤 사람이 "나는 인공지능 전문가요."라고 이야기한다면 인공지능에 대한 이해의 수준이 굉장히 피상적이고 개론적이라고 이해하면 된다.

인공지능의 큰 양대 축은 전문가 시스템과 머신러닝(Machine Learning)이다. 1980년대까지만 하더라도 전문가 시스템이 머신러닝을 앞섰다. 바로 1997년 인간 체스 세계챔피언을 격파한 딥블루와 2011년 미국의 유명 퀴즈쇼에서 우승했던 IBM의 왓슨이 대표적이다.

전문가 시스템과 머신러닝 모두 에이전트라고 불리는 인공지능을 데이터를 가지고 학습시킨다. 처음에는 백지 상태와 다를 바 없기 때문에 제대로 할 수 있는 일이 거의 없다. 사람처럼 문제를 잘 풀지 못하지만 데이터를 가지고 학습하는 과정을 반복하다 보면 성능이 발전하게 된다. 전문가 시스템은 데이터를 전문가들의 지식 체계에 따라 정리한 후 정리된 데이터를 기반으로 훈련시킨다. 반면에 머신러닝은 마치 달리는 증기기관차에 계속해서 석탄을 넣듯이 데이터를 에이전트에 입력해서 학습시킨다.

사람의 지식은 글 등의 수단으로 명확하게 표현할 수 있는 형식지와 그렇지 않은 암묵지로 나뉜다. 예를 들어 후배 의사가 선배 의사에게 의학과 관련된 지식을 배울 때, 교재에 적혀 있는 형식지에 대해서도 배우게 되지만 의사가 환자에게 시한부 판정을 내릴 때 어떻게 얘기해야 하는지, 수술 결과가 좋지 않았을 때 의사가 환자의 보호자들에게 어떻게 이야기해야 하는지와 같은 일도 배운다. 이러한 암묵지는 명확하게 글로 표현하기 힘들기 때문에 후배 의사가 선배 의사 옆에서 직접 눈으로 보고 느껴야 한다.

전문가 시스템은 전문가에 의해서 정리된 명확한 형식지를 인공지능 에이전트에 전달할 수 있기 때문에 에이전트의 성능을 비교적 빨리 끌어올릴 수 있다. 하지만 전문가 시스템은 암묵지에 해당하는 지식들을 에이전트에게 전달하기가 쉽지 않다. 머신러닝은 형식지와 암묵지를 가리지 않고 모든 데이터를 에이전트에게 전달하는 방식이기 때문에 처음에는 에이전트의 성능이 기대만큼 뛰어나지 않다. 그러나 인내심을 가지고 학습을 계속하면 에이전트가 형식지뿐만 아니라 암묵지까지 흡수하여 전문가 시스템 에이전트보다 뛰어난 성능을 보이게 된다.

영어 학원을 다니면서 5형식 등의 영문법을 익히는 것을 전문가 시스템이라고 하면 아이들이 부모의 말을 무작정 따라하면서 자연스럽게 모국어를 익히게 되는 것이 머신러닝이다. 연애하는 방법을 책으로 배우는 것이 전문가 시스템과 같은 방법이라면, 연애를 잘하는 주변 친구들의 행동 패턴을 따라하면서 배우는 것이 머신러닝인 것이다.

나는 어린 딸과 함께 그네를 탈 때면 '중력가속도가 저점에서 최대가 될 것이고, 이때 반동을 그네의 진행 방향과 동일하게 주면 내가 타고 있는 그네의 진동수와 그네 자체의 고유 진동수가 맞아 떨어져서 파장의 크기가 커질 것이다'라는 생각도 했다. 그러나 처음에는 내가 딸보다 그네를 잘 탔을지 몰라도 나중에는 딸이 더 잘 탔다.

딸은 친구들이 그네를 타는 것을 흉내 내기도 하고, 엉뚱한 방법으로 그네를 타다가 떨어지기도 하면서 이제는 땅과 90도가 되는 높이까지 될 만큼 그네를 잘 타게 되었다. 내가 그네를 타기 위해 이성적으로 생각한 것들이 전문가 시스템이라면 딸의 접근이 머신러닝인 셈이다. 머신러닝은 위와 같이 암묵지까지 흡수할 가능성이 전문가 시스템보다 높기 때문에 1990년대에 들어서는 머신러닝이 전문가 시스템을 뛰어 넘게 되었다.

머신러닝에는 디시전트리(decision tree), 랜덤 포레스트(random

forest), 베이즈 분류 모형, 서포트 벡터 머신, 유전자 알고리즘, 사례 기반 추론, 패턴 인식, 강화 학습 등 약 100여 가지의 기법들이 있고, 이중 하나가 인공신경회로망(neural network)이다. 인공신경회로망이 최근에 딥러닝(Deep Learning)으로 이름을 바꿨는데, 최근에 인공지능이라고 하면 주로 머신러닝을 이야기하는 것이고, 머신러닝 중에서도 특히 딥러닝을 이야기하는 경우가 많다.

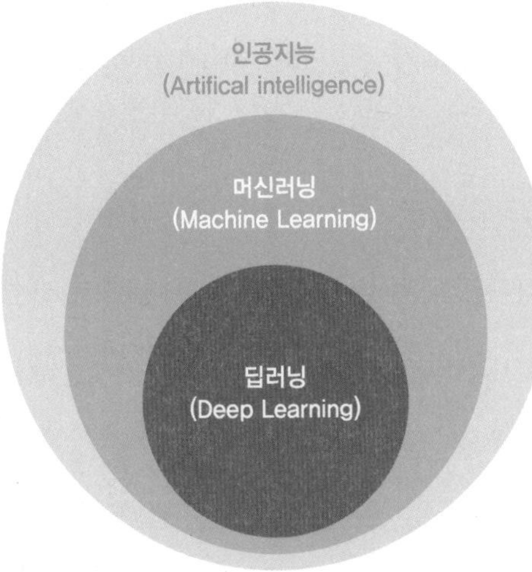

1990년대에 머신러닝 중 하나인 인공신경회로망이 급부상하면서, 마치 모든 문제를 풀 수 있는 것처럼 간주되었다. 나는 1999년부터 2003년까지 인공신경회로망을 이용해 핵융합 장치 안에 있는 플라즈마(plasma)의 위치를 파악하고 제어하는 연구

를 했다. 핵융합이 실현되기 위해서는 헬륨의 온도를 수억도 이상으로 끌어올려야 하는데, 물질의 온도가 이렇게 높은 상태가 되면 기체를 넘어 플라즈마 상태가 된다. 기체는 분자와 분자 간의 결합이 느슨하게 연결된 상태라면, 플라즈마는 분자의 전자들도 자유롭게 돌아다니는 상태이기 때문에 기체보다 입자의 움직임이 훨씬 더 복잡하다.

형광등 안에 있는 밝게 빛나는 물질의 상태도 플라즈마인데, 이런 플라즈마는 아주 뜨겁지는 않기 때문에 콜드(cold) 플라즈마라고 부르고, 태양 표면의 헬륨처럼 아주 뜨거운 플라즈마는 써멀(thermal) 플라즈마라고 부른다. 플라즈마의 움직임이 무척 복잡하기 때문에 일반적인 전기공학과 제어공학만으로는 제어가 사실상 불가능하고, 인공신경회로망이 이 문제를 해결할 수 있을 것으로 기대를 했던 것이다.

2000년대 초까지만 해도 인공신경회로망이 많은 난제들을 풀 수 있을 것으로 기대가 되었지만 2000년대 중반이 되면서 성능이 더 이상 발전하지 않고 답보 상태에 머무르게 되었다. 이때부터 더 이상 성능이 개선되지 않는 죽은 기술로 취급받았고, 기술을 연구하고 활용하던 대부분의 컴퓨터 공학자들은 다른 분야로 옮겨 갔다.

이 당시에는 학술지에 논문을 기고할 때, 논문 안에 '인공신경회로망'이라는 단어가 포함되어 있으면 자동적으로 걸러져서 거부를 당할 정도였다. 이때부터 약 10년간 인공신경회로망의 침체기가 시작되었는데, 핵융합 제어나 입자가속기와 같은 것을 연구하는 사람들에 의해 명맥이 끊이지 않고 겨우 유지될 수 있었다. 마이크로소프트의 딥러닝 담당 최고 임원이 핵물리학자였는데, 컴퓨터 공학자가 아닌 핵물리학자들에 의해 인공신경회로망이 계속 연구될 수 있었다.

빅데이터 시대가 본격화되고, 컴퓨터의 성능이 좋아지고, 인공신경회로망의 기술적 난제들이 많은 시행착오 끝에 극복되면서 침체기가 끝났다. 2000년대 초반 인공신경회로망이 약 10년간의 침체기를 겪던 시절에는 인공신경회로망이 히든 레이어(hidden layer)가 3개 이상이 되면 인공신경회로망의 예측 정확도가 급격하게 나빠졌다. 이런 현상을 백워드 인포메이션 배니싱(Backward information vanishing)이라고 부르는데, 이 문제가 어떤 결정적인 하나의 방법으로 해결된 것은 아니고 아래와 같은 방법들이 결합되면서 해결되었다.

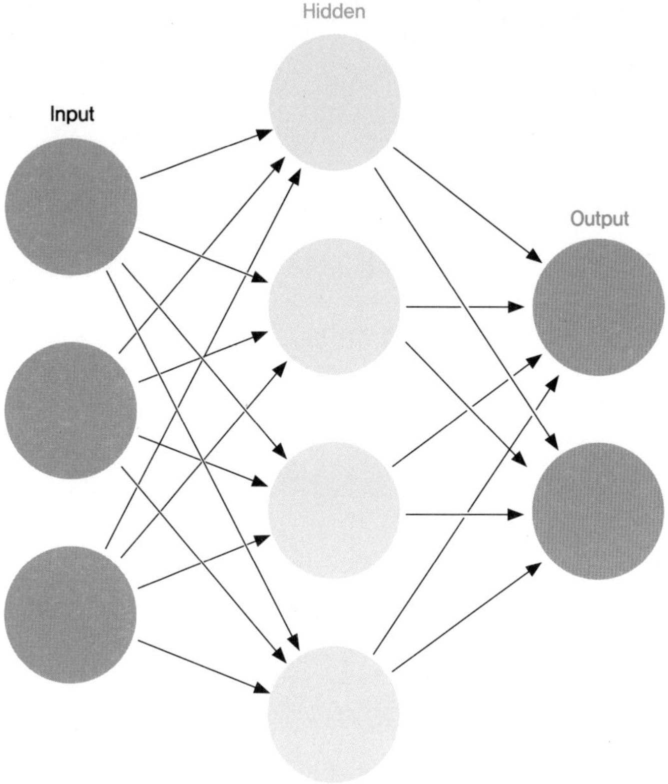

1. 빅데이터 시대(80~90퍼센트는 SNS로 대표되는 인터넷으로부터 온 것이고 나머지 10~20퍼센트는 M2M, IoT과 같은 센서로부터 온 것이다.)의 도래로 양질의 훈련 데이터를 쉽게 확보할 수 있게 되었고, 훈련 데이터를 교체하거나 형태를 바꾸는 것이 용이해졌다.

2. 컴퓨터가 저렴해지고, 게임과 블록체인 덕분에 GPU가 대

유행하면서 컴퓨터의 계산 능력이 월등하게 향상되었다.

3. 클라우드 컴퓨팅의 보편화로 훈련 데이터를 저장하고 다루는 것이 쉬워졌다.

4. 훈련 데이터의 전처리를 잘해 놓으면 인공신경회로망의 성능이 나아진다는 확신을 하게 되었다.

5. 액티베이션(Activation) 함수로 기존의 시그모이드(sigmoid)나 하이퍼탄젠트(hyper tangent)보다는 RELU를 쓰는 게 좋다고 알려졌다.

6. 훈련을 할 때 드롭 아웃(Drop-Out)(랜덤하게 일부 노드(Node)를 의도적으로 지우고 훈련시키는 기법)을 하는 것이 좋다는 것이 경험적으로 발견되었다.

7. 데이터로봇(DataRobot), AWS의 세이지 메이커(Sage Maker)와 같이 인공신경회로망의 하이퍼 파라미터(Hyperparameters)를 최적화해 주는 툴이 보편화되었다.

8. 인공신경회로망이 크게 이미지 인식과 시계열 데이터 처리 계열로 나뉘면서 인공신경회로망을 이용해서 풀어야 하는 각각의 문제 특성에 좀 더 특화할 수 있게 되었다.

9. 딥러닝보다는 머신러닝(대표적으로 랜덤포레스트 등) 또는 기존의 통계적인 방법으로 접근하는 것이 더 나은 경우와 인공신

경회로망을 쓰는 것이 나은 경우를 사람들이 좀 더 잘 분류할 수 있게 되었다. 인공신경회로망을 쓰는 게 나은 경우에만 적용함으로써 '이길 만한 경기에서 좀 더 확실하게 이기는 게임'을 하게 되었다.

과거에 만병통치약처럼 언급되던 유비쿼터스(Ubiquitous)[11]는 수많은 실망감을 안겨 주다가 최근에 IoT, M2M로 이름을 바꾸었듯이 인공신경회로망도 침체기 시절의 부정적인 인식 때문에 새로운 이름이 필요했다. 계층이 3개 이상이 되어도 성능이 제대로 나온다는 것을(YOLO[12]처럼 28개가 되어도 돌아간다는 뜻에서) 말하고 싶었던 인공신경회로망 엔지니어들의 열정을 담아 딥러닝이라는 표현으로 정한 것이다. 딥러닝으로 이름을 바꾼 인공신경회로망은 대중들 앞에 화려하게 재등장했다. 인공지능이 곧 딥러닝이고 다시 딥러닝이 인공지능인 것처럼 받아들여지는 시대

---

11) 사용자가 네트워크나 컴퓨터를 의식하지 않고 장소에 상관없이 자유롭게 네트워크에 접속할 수 있는 정보 통신 환경이다. 두산백과, www.doopedia.co.kr

12) 20대 대학원생이었던 조지프 칫 레드몬이 만든 이미지 인식 분야에서 널리 쓰이는 딥러닝 기법

가 열리게 되었다.

빅데이터와 인공지능은 사다리의 양쪽 다리와 같아서, 한쪽만 가지고는 제대로 된 성과를 만들어 낼 수가 없다. 빅데이터를 훈련 데이터로 삼아서 인공지능을 훈련시켜야만 인공지능이 제대로 된 성능을 보여 줄 수 있고, 빅데이터로부터 의미 있는 메시지를 얻을 수 있다.

인공지능은 거대한 상어와 같고, 빅데이터는 바닷물과 같다. 약 70년 전에 태어난 인공지능이라는 상어는 그동안 꾸준히 성장해 왔다. 그런데 바닷물인 빅데이터가 제대로 준비되지 않아서 인공지능의 처지는 사막 위에 던져진 상어와 같았다. 인공지능 기술의 잠재력을 보여 주지 못한 채 계속해서 실망감을 줬던 것이다. 최근에 한강 크기의 빅데이터 생태계가 만들어지면서 인공지능은 성과를 보여 주기 시작했다. 빅데이터 생태계가 태평양처럼 커진다면 인공지능이 보여 줄 수 있는 성과와 영향력은 훨씬 더 커질 것이다.

PART 2

인공지능 파도에 발을 담그자

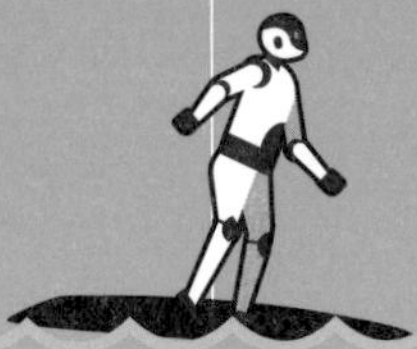

AI

스타벅스와 인공지능

인공지능이 무엇인지 이해하는 가장 쉬운 방법은 인공지능이 성공적으로 활용되고 있는 사례를 살펴보는 것이다. 현재 대한민국 경제를 견인하고 있는 산업은 반도체라고 할 수 있다. 인공지능이 발전하기 위해서는 방대한 컴퓨터의 계산 능력과 저장 능력이 필요하다. 그래서 반도체 산업은 인공지능 발전에 큰 도움을 준다.

반도체 산업이 인공지능 발전에 도움을 주고 있는 것처럼 인공지능도 반도체 산업에 도움을 주고 있다. 인공지능은 반도체를 생산하는 과정에서 불량 여부를 보다 정확하게 파악하기 위해 활용되기도 하고, 8단계로 나누어진 공정 중 어느 공정에서 문제가 발생했는지 밝혀내기도 한다. 특히, 반도체 생산 설비 투자는 막대한 비용이 발생하기 때문에 수요를 제대로 측정하는 것이 매우 중요한데 반도체 수요 예측 과정에서도 인공지능이 제 몫을 톡톡히 하고 있다.

반도체처럼 이미 매우 높은 수준의 기술을 활용하고 있는 하이테크놀로지(high technology) 분야에서 인공지능이 성공적으로 활용되고 있는 사례는 보통의 사람들에게는 마치 다른 세계의 일처럼 느껴질 수 있다. 그래서 하이테크와 전혀 무관한 분야에서 인공지능을 성공적으로 활용한 사례를 이야기해 보겠다.

회사에 출근하기 위해 아침마다 이용하는 지하철역 앞에 큰 빌딩이 있고, 이 빌딩 1층에 넓은 공간을 차지하는 커피숍이 있었다. 이 커피숍이 철수하고 스타벅스가 곧 입점할 것이라는 안내가 부착됐다. 그런데 한 달이 지나도록 스타벅스는 영업을 시작하지 않았다. 임대료가 무척 비싼 자리였음에도 한 달 동안이나 영업을 하지 않는 것이 이해가 되지 않았다. 예전에 상권 분석과 관련된 교육을 들었던 적이 있었는데, 이때 스타벅스와 관련하여 알게 된 내용이 떠올랐다.

스타벅스의 시애틀 본사에서는 새로 문을 여는 커피숍 주변의 상권과 유동 인구 데이터를 분석하여 인테리어를 결정하고, 좌석 배치(단체석과 일반석의 비율 조정)를 결정하는 팀이 있고, 이 팀 안에 이 일을 전담하는 실무자가 수십 명이 있다고 한다. 나는 그래서 아직 본사에서 인테리어와 좌석 배치에 대한 승인이 나지 않았기 때문에 공사를 시작하지 못하는 것으로 생각했다.[13)]

다른 커피 브랜드에서는 주어진 공간 내에서 최대한 많은 좌석을 확보하는 방향으로 결정하는 경우가 많다. 그러나 스타벅스는 매장마다 좌석의 형태나 배치가 크게 다르다. 한 달 동안 영업을 못하는 손해를 감수하더라도 매장 주변의 상권과 유동 인구를 분석해서 최적의 인테리어와 좌석 배치를 결정하는 것이 낫다고 판단한 것이다. 물론 이런 접근만으로 스타벅스의 성과를 모두 설명할 수는 없지만, 하이테크놀로지와 전혀 무관해 보이는 커피브랜드에서도 이렇게 빅데이터를 높은 수준으로 활용하고 있다는 점에서 시사점을 얻을 수 있다.[14)]

13) 김영갑(2015), 창업성공을 위한 상권분석, 이프레스

14) 블로터 기사(2020년 2월 6일), 스타벅스가 '데이터 비즈니스의 신'이 되기까지 http://www.bloter.net/archives/370212

패션 브랜드인 자라(ZARA)는 매장 안과 밖에 설치되어 있는 CCTV로 사람들의 옷차림을 수집한다. 이 결과 무슨 이유에서인지 사람들이 빨간색 반바지를 많이 입고 있었다면, 그 색의 원단을 대량 확보하여 빨간색 반바지를 만든다. 이렇게 공급된 반바지는 빨리 소진되고, 재고율은 낮은 수준으로 유지된다. 여기까지만 보면 특별한 일을 하고 있는 것처럼 보이지 않을 수 있다.

일반적인 패션 브랜드에서는 디자이너들이 서로 상의하여 다음 시즌의 유행을 예측한다. 이 예측에 따라 원단을 수급하고, 제품을 생산한 후 공급한다. 디자이너의 예측이 맞았다면 이익을 얻겠지만, 그렇지 않을 경우에는 재고가 쌓일 수밖에 없다. 자라와 일반 패션 브랜드의 차이는 사람의 판단력과 데이터 중 어떤 것을 더 신뢰하느냐이다. 자라는 글로벌 브랜드로서 계속해서 탁월한 성과를 보여 주고 있다. 이것은 사람의 경험을 기반으로 한 판단력보다 데이터를 기반으로 한 인공지능의 예측 능력이 더 효과적일 수 있다는 것을 보여 주는 사례다.

인공지능은 반도체와 같은 하이테크놀로지 분야에서만 활용될 수 있는 것이 아니다. 커피나 패션처럼 기술과는 전혀 무관해 보이는 분야에서도 성공적으로 활용될 수 있다. 지금까지 언급된 사례들을 구현하기 위한 인공지능 기술들은 이미 시장에 완성된 형태로 나와 있다. 인공지능 활용의 성패는 인공지능 기술이 아니라, 인공지능을 얼마나 잘 이해하느냐, 인공지능을 잘 활용할 수 있는 유연한 사고와 조직문화를 가지고 있느냐에 달려 있다.

02

스포츠를 알면 인공지능이 보인다

미국 프로야구에서는 20세기 중반까지 백인과 흑인이 출전하는 리그가 구분되어 있었다. 그런데 1947년 4월 15일 흑인인 재키 로빈슨이 최초로 메이저리그에 데뷔한 이후부터 미국 프로야구에서는 인종차별이 허물어졌다. 매년 그가 데뷔한 날에는 모든 메이저리그 선수들이 그의 등번호 42번을 유니폼에 달고 이날을 기념하고 있다. 또한 수석 발레리나도 항상 백인의 차지였지만, 2015년 6월 30일에 열린 아메리칸 발레시어터 창단 기념 공연에서는 최초의 흑인 수석 발레리나인 미스티 코플랜드가 공연을 했다.

미국 프로야구에서는 1947년에 백인과 흑인 간의 인종차별이 허물어졌는데, 발레 분야에서는 무려 68년 뒤인 2015년에서야 흑인이 수석 발레리나를 맡을 수 있었던 이유는 무엇일까? 재일교포들이 일본 사회에서 크고 작은 차별을 겪을 수도 있었을 텐데, 일본 프로야구에서 크게 성공한 선수들이 많은 이유는 무엇일까? 바로 객관적인 데이터가 있기 때문이다. 스포츠에서는 어떤 선수가 팀 승리에 도움이 되는 선수인지 아닌지를 객관적인 정보를 가지고 판단할 수 있기 때문에 다른 분야보다 인종차별 등과 같은 문제가 더 빨리 극복되었다고 볼 수 있다.[15)]

만약 감독이 흑인 선수가 개인적으로 싫더라도, 그의 경기 기록이 팀 승리에 확실한 도움이 된다면 그를 기용해야 한다. 하지만 발레는 어떤 무용수가 훌륭한지 그렇지 않은지를 데이터를 기반으로 판단하기 어렵기 때문에 권위자의 판단과 편견에 영향을 받을 수밖에 없다.

---

15) 신재명(2016), 신재명의 축구 경기 분석, 한스미디어

과거에는 스포츠 선수와 관련한 정보는 스포츠 분야의 전문가에 의해서 선별된 인포메이션이었다. 하지만 최근에는 빅데이터를 기반으로 새로운 관점의 통계나 인공지능을 활용하여 선수가 팀 승리에 기여하는 정도와 향후 성장 가능성 등을 보다 정확하게 판단하고 예측할 수 있다.[16)]

스포츠는 승패의 기준이 명확하다. 매일 또는 매주 경기가 열리고 시즌마다 우승팀과 순위가 정해진다. 스포츠의 이런 특성은 인공지능의 성능을 검증하기에 매우 좋다. 인간이 번역한 내용과 인공지능이 번역한 내용 중에서 어떤 번역이 더 자연스러운지를 판단하는 경우를 생각해 보자. 자연스러운지 아닌지는 매우 주관적인 판단이기 때문에 인공지능이 실제로 번역을 더 잘했는지 판단하기가 매우 어렵다. 하지만 스포츠는 아주 명확한 기준에 따라서 승패가 결정되고, 각각의 선수들이 팀의 승패에 얼마만큼의 기여를 했는지도 비교적 객관적으로 계산할 수 있다.

금융 분야에 인공지능이 적용된 경우를 생각해 보자. 통제된 변수만을 가지고 금융 분야에서 성과가 개선되었는지를 판단하기는 매우 어렵다. 생각지도 못한 수많은 변수들이 직간접적인 영향을 충분히 줄 수 있기 때문이다.

반면에 스포츠 경기에서 모든 선수들이 이기기 위해 최선을 다하고, 승부 조작이 없으며 상대팀의 사인을 훔치는 등의 반칙을 하지 않는다는 가정을 한다면 상당히 잘 통제된 변수들 내에서 인공지능이 판단과 예측을 할 수 있다. 또한 교육 분야에 인공지능이 적용되었다면, 인공지능이 효과가 있었을지 확인하기 위해서 교육을 받은 세대가 다음 기성세대가 될 때까지 약 20년을 기다려야 한다. 하지만 스포츠에 인공지능이 적용될 경우에는 매 경기마다 승패가 결정되고 시즌마다 우승팀이 나오기 때문에 상대적으로 빠른 주기로 인공지능의 성능을 검증할 수 있다.

의료 분야의 경우에는 사람의 목숨이 걸려 있기 때문에 인공지능 적용을 신중하게 해야 한다. 하지만 스포츠 분야에 인공지능을 적용한 결과가 기대에 못 미친다고 해서 감당할 수 없을 만큼 큰 문제가 발생하는 것은 아니다. 따라서 스포츠 분야에서는 인공지능을 상대적으로 적은 부담으로 가지고 캐주얼하게 적용해 볼 수 있다는 장점이 있다.[17]

---

16) 트리비스 소칙 지음/이창섭 옮김(2015), 빅데이터 베이스볼, 처음북스

17) 한현욱(2018), 4차 산업혁명 시대 이것이 헬스케어 빅데이터이다, 클라우드나인

알파고도 원래는 금융과 에너지 분야에서 범용적으로 활용하기 위해 구글이 개발했던 인공지능 플랫폼이었다. 하지만 금융, 에너지 분야에서는 인공지능이 효과가 있다는 것을 명확하게 보여주기가 쉽지 않았고, 인공지능을 검증하는 데 필요한 시간도 무척 길었다. 그래서 스포츠 분야인 바둑으로 방향을 돌려서 이세돌 9단과 커제 9단을 완파하는 성과를 거두었던 것이다.

바둑이 스포츠인지 의아스러운 사람이 있을 수도 있다. 북경 아시안게임에서는 바둑이 정식 종목이기도 했는데, 바둑을 예술이자 도라고 생각하는 사람도 많지만 명확한 기준에 따라 승패를 결정한다는 점에서 스포츠적인 요소가 포함되어 있는 것은 분명하다.

스포츠 분야에서 인공지능 솔루션이 개발되고 검증된 후 스포츠가 아닌 다른 분야로 확대되는 사례가 많다. 스포츠는 인공지능의 가장 좋은 놀이터이고, 활용되는 수준이 가장 높은 분야다. 그래서 인공지능이 스포츠 분야에서 어떻게 활용되고 있는지 관심을 갖고 지켜본다면 큰 통찰력을 얻을 수 있을 것이다.

인공지능은 어떻게 똑똑해지는가?

인공지능이 할 수 있는 일은 매우 많지만 사실 자세히 들여다보면 크게 분류와 분석으로 이루어진다. 분류는 여러 종류의 값들 중에서 하나를 선택하는 일이다. 예를 들어서 동물 사진을 보고 강아지인지, 고양이인지 맞추는 것에 해당한다. 분석은 어떤 범위 이내의 값을 선택하는 일로 초등학생이 성인이 될 때까지 키가 몇 센티미터까지 클 것인지 예측하는 것을 들 수 있다. 자동차가 알아서 운전하는 자율주행 자동차도 인공지능이 좌회전을 할지, 우회전을 할지 분류하고 속도를 몇 킬로미터까지 올릴지 분석하는 등 수많은 분류와 분석 과정의 결과물이다.

과거와 현재에 이미 발생한 데이터를 대상으로 인공지능이 분류나 분석을 할 경우에는 이것이 얼마나 정확한지를 이미 발생한 데이터를 기반으로 판단할 수 있다. 미래에 발생할 데이터를 대상으로 인공지능이 분류, 분석을 하는 것을 예측이라고 하는데 시간이 경과한 이후에서야 이 예측이 맞았는지 아닌지를 판단할 수 있을 것이다.

인공지능이 개념이라면, 이것이 실체화된 존재가 바로 에이전트다. 에이전트의 모습은 갓난아기처럼 할 줄 아는 것이 전혀 없는 상태다. 머신러닝 또는 전문가 시스템이 훈련 데이터를 가지고 에이전트를 훈련시키면 점점 더 똑똑해진다. 이런 과정을 거쳐서 에이전트는 새로운 데이터를 분석하거나 분류하면서 주어진 문제를 풀게 된다. 에이전트가 똑똑해질수록 분석과 분류를 더 정확하게 하게 된다. 인공지능이 개발되는 과정은 훈련 데이터를 가지고 에이전트를 훈련시키는 단계와 훈련된 인공지능을 활용하는 단계로 구분할 수 있다.

에이전트를 훈련시키는 단계는 훈련 데이터를 확보하는 과정과 확보된 훈련 데이터를 전처리하는 과정, 이 데이터를 가지고 에이전트를 훈련시키는 과정으로 다시 세분화된다. 훈련 데이터는 SNS 등의 인터넷에서 가져오는 경우, 문서로부터 가져오는 경우, 다양한 센서로부터 가져오는 경우로 구분한다. 이렇게 훈련 데이터를 수집하는 과정을 데이터 마이닝(Data Mining)이라고 한다.

훈련 데이터는 한 번만 수집하는 것이 아니라, 반복적으로 수집해서 데이터를 계속해서 갱신해야 한다. 훈련 데이터를 한 번 확보한 이후에 계속해서 훈련 데이터를 추가하고 수정하지 않으면, 에이전트의 성능이 더 이상 발전하지 못하고 정체된다. 데이터를 한 번 수집할 수 있는 통로가 만들어지면 이 통로를 통해서 원하는 주기마다 데이터를 수집할 수 있다. 바로 웹크롤링(web crawling), 파싱(parsing), 센싱(sensing) 등이 바로 이런 작업을 해내는 데 용이한 기술이다.

주기적으로 훈련 데이터를 수집할 수 있는 상황을 만든 이후에는 훈련 데이터를 전처리하는 과정을 거쳐야 한다. 예를 들어서 어떤 매장 출입구 앞에 체중계를 설치한 후 매장으로 들어오는 사람들의 몸무게를 측정하는 경우를 생각해 보자. 100명 중 10명은 체중계를 밟지 않고 건너뛰어서 매장 안으로 입장할 수 있다. 이렇게 되면 90명의 몸무게는 측정되지만, 10명의 몸무게는 측정되지 않는다. 이렇게 측정되지 않은 10명의 몸무게를 결측치라고 한다. 10명의 결측치를 모두 무시할 수도 있고, 나머지

90명의 몸무게 평균을 구한 후 이 평균값을 10명의 몸무게로 추정할 수도 있다.

야구선수의 타율은 일반적으로 .000에서 .400 사이의 값을 갖게 된다. 반면에 한 시즌 동안 기록한 홈런의 개수는 0개에서 수십 개 사이의 값을 갖게 된다. 타율과 홈런 개수를 에이전트를 훈련시키는 과정에서 같이 사용하면, 홈런 개수가 타율보다 훨씬 더 큰 숫자이기 때문에 홈런 개수가 타율보다 에이전트에 더 많은 영향을 끼친다. 홈런 개수와 타율을 모두 소수점 첫째 자리에서 반올림하게 되면 타율이 .500보다 큰 경우(경기에 자주 출전하지 못해서 타석수가 매우 작은 경우가 아니라면 타율이 5할이 되기는 매우 어렵다.)는 거의 없기 때문에 타율은 거의 모두 0이 되고, 홈런 개수는 원래의 값을 갖게 된다. 이렇게 여러 변수들이 가지고 있는 값의 범위와 특성을 고려하지 않고 동일한 기준으로 전처리를 하게 되면 데이터의 원래 특성을 크게 잃을 수 있다. 이 경우에는 타율과 홈런 개수가 모두 가장 낮을 때는 0, 가장 클 때는 1.0이 되도록 해서 비슷한 값의 범위를 갖도록 바꿀 수 있는데 이를 정규화라고 한다.

전처리 과정에서는 결측치 처리, 정규화 등의 작업을 해서 훈련 데이터가 에이전트를 훈련시키는 것이 용이하도록 한다. 전처리된 훈련 데이터가 에이전트를 어떤 방향으로 훈련시키도록 하는 의도를 가져서는 안 된다. 전처리 과정의 목적은 훈련 데이터로 에이전트를 훈련시키는 과정에서 훈련 데이터의 원래 특성이 잘 발휘되도록 하는 것이다. 에이전트가 인간의 의도대로 훈련되도록 하는 것이 아님을 기억해야 한다.

훈련 데이터를 컴퓨터에게 제공하면, 컴퓨터가 에이전트를 알아서 훈련시켜 주는 것이 아니다. 사람이 에이전트에게 먼저 기본적인 뼈대에 해당하는 모델을 제공한 후 이 뼈대에 훈련 데이터를 계속해서 입력하면 에이전트가 점점 더 똑똑해진다. 훈련 데이터를 일주일마다 데이터 마이닝으로 수집하는 경우라면, 일주일마다 수집한 훈련 데이터를 전처리한 후 에이전트가 가지고 있는 뼈대에 투입하게 된다. 이렇게 주기적으로 수집된 훈련 데이터를 가지고 에이전트를 훈련시키면 뼈대에 조직과 신경이 형성되면서 능력을 갖추게 된다. 일주일 뒤에 다시 새로운 훈련 데이터가 에이전트에 투입되면 에이전트의 성능이 발전하고, 이런 과정이 반복되면서 그 성능은 더욱 발전한다.

딥마인드 회사는 벽돌 깨기 게임을 하는 인공지능을 개발했다. 처음에는 이 인공지능이 볼을 쉽게 놓치는 등 사람에 비해서 형편없는 성능을 보여줬다. 하지만 충분한 시간 동안 인공지능을 훈련시키다 보니 벽돌의 왼쪽 부분을 집중적으로 부순 후에 벽돌 위쪽으로 볼을 밀어 넣어서 자동적으로 윗부분의 벽돌을 부수는 방법을 생각해 냈다.

딥마인드가 벽돌 깨기 인공지능을 개발하는 것을 보고, 그 잠재력을 알아본 구글은 딥마인드를 인수했다. 딥마인드가 왜 하필 벽돌 깨기 게임으로 인공지능을 개발했을까? 벽돌 깨기 게임을 만든 사람이 바로 스티브 잡스와 스티브 워즈니악이기 때문이었던 것 같다.

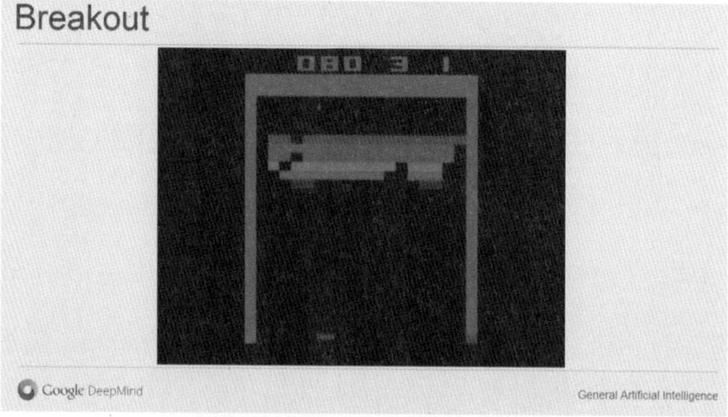

1976년 아타리(Atari)라는 게임 회사의 신입사원이었던 스티브 잡스가 벽돌 깨기 게임을 기획하고, 워즈니악이 개발했다. 벽

돌 깨기 게임의 흥행 성공에 자신감을 얻은 잡스와 워즈니악은 아타리를 나와 함께 애플을 만들었다. 그때 딥마인드는 잡스와 워즈니악이 컴퓨터와 모바일 시장에서 엄청난 혁신을 가지고 왔지만 놓친 것이 있다고 생각했다. 그것이 바로 인공지능이었고 이것을 제대로 발전시켜 보겠다는 의지를 구글이 알아본 것이다. 그러나 구글이 딥마인드를 인수한 이후에 딥마인드는 눈에 띄는 성과를 만들지 못했다.

구글은 방대한 데이터를 저장하고 관리하기 위해 대규모 데이터 센터를 운영하고 있다. 이 데이터 센터에서 많은 전기를 사용하고 있고, 전기 사용량을 최적화하기 위해 많은 전기공학 기술자들을 오랜 기간 투입했다. 실제로 전기공학 기술자들이 더 이상 전기 사용량을 줄이기 힘들 만큼 최적화를 이미 해 놓은 상태에서 구글은 이 일을 딥마인드에게 맡겼다. 딥마인트는 전기공학에 대해 전혀 몰랐지만 딥러닝 기술로 기존 전기 사용량의 15 퍼센트를 절감하는 놀라운 결과를 보였다.[18]

---

18) 잇월드 기사(2016년 7월 21일), 구글 딥마인드, 데이터센터 냉각 전력 40% 감소시켰다 http://www.itworld.co.kr/news/100423

이 같은 성과에 고무된 구글은 딥마인드에 금융, 에너지 분야에서 범용적으로 활용할 수 있는 인공지능 플랫폼 개발을 맡겼다. 이 프로젝트가 바로 알파고 프로젝트다. 금융, 에너지 분야에서 인공지능의 적용 성과를 검증하기 위해서는 인공지능 성과에 영향을 주는 변수들을 완벽하게 통제해야 한다. 그런데 현실 세계의 금융, 에너지 분야는 매우 다양한 변수들이 복잡하게 얽혀 있다. 그리고 금융, 에너지 분야에서 인공지능의 적용 성과를 확인하기 위해서는 오랜 시간을 기다려야 한다.

이 분야에서 인공지능의 적용 성과를 검증하는 데 어려움을 겪은 딥마인드는 스포츠적인 요소를 가지고 있는 바둑으로 눈을 돌렸다. 바둑은 외적인 변수들을 모두 통제할 수 있고, 승패는 아주 명확했다. 또한 매일 대국을 둘 수 있기 때문에 인공지능의 적용 성과를 빠르게 확인할 수 있었다. 바둑에서 이세돌 9단과 커제 9단을 연파하고 인공지능의 적용 성과를 확인한 구글의 딥마인드는 알파고를 금융, 에너지 분야에서 활용하기 위한 기술 개발을 다시 재개했다.

에이전트를 훈련시키는 과정을 요리에 비유한다면, 훈련 데이터를 데이터 마이닝으로 수집하는 과정은 요리 재료를 확보하는 과정이며 전처리 과정은 확보된 요리 재료를 손질하는 과정이다.

이렇게 준비된 훈련 데이터, 즉 빅데이터가 요리 재료가 되는 것이고, 요리를 하는 과정이 바로 인공지능인 것이다. 요리 재료의 신선함이 중요하듯이 훈련 데이터도 주기적으로 수집해서 오래된 훈련 데이터가 아닌 최신 훈련 데이터가 되도록 해야 한다.

요리 도구는 누구나 구매할 수 있듯이 인공지능 도구들은 대부분 무료로 개방되어 있고, 전 세계적으로 표준화되어 있다. 같은 요리 재료와 요리 도구를 가지고도 맛은 천차만별이듯이 인공지능도 다루는 이들의 경험, 이해, 협력 등에 따라 결과물의 성능에 큰 차이가 보인다. 바로 이 같은 과정을 거쳐서 능력을 갖추게 되는 에이전트를 다양한 분야에서 활용하게 되는데, 실제로는 에이전트를 훈련시키는 단계를 먼저 거친 후에 에이전트를 활용하는 것이 아니라, 에이전트를 어떤 분야에 어떻게 활용할 것인지를 먼저 결정한 후에 활용 계획에 맞는 훈련 단계를 설계해서 실행하게 된다.

인공지능은 0원?

인공지능을 생각할 때 흔히 연상되는 이미지는 로봇이다. 엄밀하게는 로봇 공학과 인공지능은 다른 분야다. 하지만 로봇에 인공지능이 탑재되는 경우가 많고, 영화에서처럼 인공지능이 탑재된 로봇이 소재로 나오는 경우가 많기 때문에 인공지능이라고 하면 로봇을 연상하는 경우가 많다.

로봇에 대한 이미지가 인공지능과 강하게 연관되어 있다 보니, 인공지능이 마치 노예처럼 일만 시키기만 하면 사람을 위해서 많은 일을 하는 것처럼 오해하는 경우가 많다. 텔레비전 리모컨의 전원 버튼처럼 원 클릭으로 모든 것을 다 처리할 수 있는 것처럼 기대하는 데 실상은 그렇지 않다.

인공지능이 제대로 된 성능을 보여 주기 위해서는 방대한 빅데이터를 수집한 후 전처리하는 과정을 거쳐서 훈련 데이터로 만들어야 한다. 이렇게 확보한 훈련 데이터로 인공지능을 훈련하고, 훈련의 결과로 만들어진 성능을 테스트하고 빅데이터 수집부터 성능 테스트까지의 과정을 계속해서 반복해야 한다. 갓난아기가 사람의 역할을 제대로 해내기 위해서는 수십 년 동안 각고의 노력을 해야 하는 것처럼 인공지능도 많은 시간과 비용이 필요하다.

인공지능이 아닌 통계적인 방법으로 충분히 풀 수 있는 문제를 막대한 비용과 시간이 필요한 인공지능으로 푸는 것은 스테이크를 전기톱으로 써는 것과 같다. 가치판단이 포함되어 있고, 창조적인 결과가 필요한 영역에서는 막대한 시간과 비용이 드는 인공지능을 활용할 이유가 전혀 없다. 마찬가지로 인공지능 도입을 검토할 때에는 비용과 시간을 충분히 고려해야 한다.

인공지능은 기본적으로 특정 사례에 특화되어 훈련되기 때문에 범용적으로 활용되기 위해서는 더 많은 비용과 시간이 필요하다. 하나의 발전소에 특화되어 설비들이 고장이 날 확률을 미리 예측해 주는 인공지능을 만드는 데 필요한 시간과 비용보다 전 세계에 존재하는 모든 발전소에 범용적으로 활용할 수 있는 설비 고장 예측 인공지능을 만드는 것이 더 어려운 법이니 말이다. 이런 부분까지 고려해서 인공지능을 쓸 것인지를 결정해야 한다.

05

인공지능과 통계의 차이점

한나라가 몰락하고 동탁이 승상이 되어 폭거를 일삼자 18개국의 제후들이 연합군을 조직하여 낙양의 호로관에서 동탁과 맞섰다. 연합군이 강동의 맹장 손견을 선봉으로 앞세우자 동탁은 여포를 내세우려고 했다. 이때 화웅이라는 장수가 "닭 잡는 데 소 잡는 칼을 쓸 필요가 있겠습니까?"라고 말하며 자신이 선봉에 서겠다고 간청했다. 여포를 소 잡는 칼에, 자신을 닭 잡는 칼에 비유한 것이다.

인공지능의 한 분야가 머신러닝이고 머신러닝에는 의사결정트리, 랜덤포레스트(random forest), 서포트 벡터 머신(Support Vector Machine), 베이즈 분류 모형 등 100여 가지가 넘는 기법이 있다. 수많은 머신러닝 기법 중 하나가 딥러닝이다. 인공지능이 아닌 통계적인 방법으로도 문제를 풀 수 있는 경우가 많다. 과거에는 기업의 부도 확률을 기업 내부의 재무회계 정보와 기업 외부의 거시경제 정보를 기반으로 하여 통계적인 방법으로 예측했다. 부도가 났던 회사들과 부도가 발생하지 않은 회사들의 매출원가비율, 총부채, 매출액 증가율, 금융비용 대비 부채비율 등을 수집한 후 머신러닝 기법 중 하나인 서포트 벡터 머신으로 기업 부도 확률을 예측했다.

2018년 11월에 미국 대통령이 자신의 트위터에 G사에 대한 부정적인 언급을 한 직후에 G사의 주가가 2.55퍼센트 급락한 일이 있었다. 기업의 부도 확률이나 향후 주가 등을 예측할 때 SNS와 같이 형태가 정해져 있지 않은 비정형 데이터를 활용하는 것은 통계적인 방법이나 딥러닝이 아닌 머신러닝에서는 쉽지 않다. 최근에는 언론 뉴스나 SNS 내용까지도 활용해서 딥러닝으로 기업의 부도 확률을 더 정확하게 예측하는 사례들이 나오고 있다. 이와 같이 기업의 부도 확률을 예측하는 동일한 문제도 통계적인 방법과 머신러닝, 딥러닝으로 풀 수 있다.

딥러닝이 돈과 시간이 가장 많이 들고, 그 다음으로는 머신러닝이다. 바로 통계적인 방법이 가장 저렴한 셈이다. 통계의 원리를 수학적으로 확실하게 이해했다면 통계를 활용해서 결과를 도출하는 과정은 SPSS, SAS 등의 통계 분석 프로그램이나 R 프로그래밍 언어로 충분히 구현할 수 있다.[19)]

매우 복잡하고 난이도가 높은 통계 작업이 아니라면 엑셀로도 충분히 가능하다. 그런데 머신러닝을 하기 위해서는 SPSS, SAS, 엑셀이 대신 해 주는 일들을 직접 해야 한다. 빅데이터 수집과 전처리, 저장, 머신러닝의 결과 성능 평가 및 활용까지 전반적인 과정을 수행해야 하기 때문에 많은 연습과 경험이 필요하다. 인간의 사고력 안에서 답을 찾는 것이 아니라 올데이터 안에서 답이 나와야 하므로 머신러닝은 통계보다 더 많은 작업이 필요한 것이다. 즉, 소 잡는 칼을 쓸 일인지, 아니면 닭 잡는 칼을 쓸 일인지 정확하게 파악하는 것이 우선시되어야 하겠다.

인포메이션이 충분할수록 딥러닝보다는 머신러닝이, 머신러

19) 손건태(2014), R을 활용한 전산통계개론 – 통계적 모의실험과 추정 알고리즘, 자유아카데미

닝보다는 통계가 유리하다. 반대로 인포메이션이 부족할수록 통계보다는 딥러닝이 아닌 머신러닝이, 딥러닝이 아닌 머신러닝보다는 딥러닝이 유리하다. 2005년에 메이저리그에 데뷔한 추신수 선수의 2020년 성적은 통계적인 방법으로 예측할 수 있다. 그의 지난 15년 동안의 메이저리그 기록은 충분한 양의 인포메이션을 제공한다. 하지만 2017년 시즌에 신인왕을 차지했던 이정후 선수와 2018년 시즌에 신인왕을 수상했던 강백호 선수의 2020년 성적을 통계적으로 예측하는 것은 쉽지 않다. 두 선수의 통산 성적이 충분하지 않기 때문이다. 이렇게 인포메이션이 부족하거나

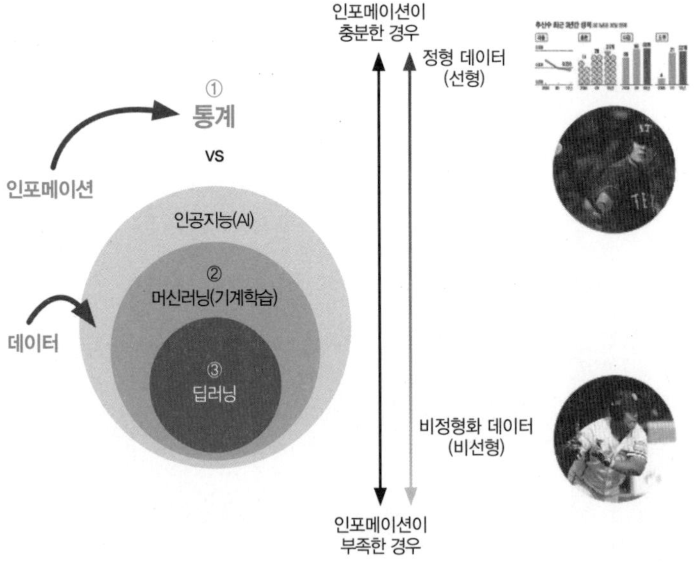

거의 없다시피 한 영역에서는 딥러닝의 성능이 좀 더 높을 가능성이 크다.

분석의 대상이 되는 데이터 중에서 크기와 형태가 정해져 있는 정형 데이터의 비율이 높을수록 통계에 유리하고, 크기와 형태가 정해져 있지 않은 비정형 데이터의 비율이 높을수록 딥러닝이 유리하다. 하루 평균 운동 시간이나 칼로리 섭취량, 키와 몸무게 등과 같이 크기와 형태가 정해져 있는 정형 데이터들로만 이루어진 데이터로 대사증후군 등의 질병을 예측하는 것은 통계로도 충분하다. 하지만 일기의 내용을 가지고 정신 건강의 수준을 예측하는 일은 딥러닝이 유리하다. 일기를 매일 쓰는 사람도 있고, 몇 달에 한 번 쓰는 사람도 있다. 일기를 쓸 때마다 장문의 글을 남기는 사람도 있고, 간략하게 몇 줄 적거나 이모티콘 몇 개를 남기는 사람이 있을 수 있다. 일기는 크기와 형태가 정해져 있지 않은 대표적인 비정형 데이터이다. 이런 비정형 데이터를 통계를 활용해서 분석하는 것은 쉽지 않은 일이다.

마지막으로 문제의 패턴이 선형적인 모습을 보일 때는 통계가 유리하고, 비선형적인 모습을 보일 때는 딥러닝이 유리하다. 학습 시간과 성적의 관계를 생각해 보자. 학습 시간이 길수록 성적이 더 좋을 가능성이 크고, 반대로 학습 시간이 적을수록 성적이 나쁠 가능성이 클 것이다. 그러므로 학습 시간과 성적의 관계는 정비례 관계일 가능성이 크다. 이렇게 인풋(input)에 해당하는 학습 시간과 아웃풋(output)에 해당하는 성적이 비례하는 경우에는 학습 시간을 X축으로 하고, 성적을 Y축으로 하는 그래프를 그리면 직선으로 그려질 것이다. 바로 데이터 간의 관계가 이런 모습을 보일 때 선형적이라고 한다. 선형적인 문제에서는 통계가 유리하다.

연애 중인 남녀 간의 관계를 상상해 보자. 서로에게 관심을 갖고 잘해 주려고 노력하는 정보를 인풋(x축)이라고 하고 상대 이성이 상대방을 좋아하는 정도를 아웃풋(y축)이라고 가정한다면 관심을 갖고 잘해 주는 정도가 커진다고 해서 상대방이 나를 좋아하는 정도가 같이 커지는 것은 아닐 것이다. 오히려 애정의 정도가 지나치면 상대방은 집착과 구속으로 느껴져서 오히려 더 멀어지게 된다. 물론 반대로 애정이 부족해도 상대방은 멀어지게 된다. 바로 관심과 애정인 인풋이 제로에서 시작해서 점점 커짐에 따라 처음에는 상대방이 나를 좋아하는 정도, 즉 아웃풋도 같이 커질 것이다. 하지만 인풋이 어느 수준 이상으로 커지게 되면 아웃풋이 급격하게 낮아질 것이다.

이런 식으로 그래프를 그리면 비례한다고 볼 수도 없고, 반비례한다고 볼 수도 없는 급격하게 그래프가 위로 올라갔다가 다시 내려가는 형태가 된다. 이런 식의 모습을 보일 때 비선형적이라고 한다. 이렇게 비선형적인 모습을 보이는 패턴이 복잡하게 얽혀 있는 문제에서는 딥러닝이 훨씬 더 유리하다.

인포메이션이 충분한지, 정형 데이터의 비율이 높은지, 문제의 패턴이 선형적인지를 가지고 먼저 판단해야 한다. 통계로는 충분하지 않은 경우에만 딥러닝이 아닌 머신러닝을 써야 하고, 딥러닝이 아닌 머신러닝으로도 부족한 경우에만 딥러닝을 써야 한다.

딥러닝이 아닌 머신러닝이 필요한 경우와 딥러닝까지 필요한 경우에도 부분적으로 통계를 병행하는 것이 유용한 경우가 많기 때문에 머신러닝, 딥러닝을 전문적으로 수행하는 개인이나 팀은 통계 공부를 게을리하지 말아야 한다.[20)]

---

20) 김성우(2019), 내 아이에게 수학이 스미다, 도서출판 봄들

인공지능의 적용과 성과 평가

인공지능을 적용했다는 이유만으로 기존 방법보다 무조건 성능이 더 좋아지는 것은 아니다. 인공지능이 하는 일은 결국 분류, 분석이기 때문에 인공지능을 적용하기 전에 기존 방법으로 분류, 분석했을 때의 성능을 측정하여 서로 비교해 봐야 한다. 인공지능의 성능이 기존의 방법보다 큰 폭으로 개선되어야 돈과 시간을 들여서 인공지능을 적용하는 것이 의미가 있다. 인공지능의 성능이 기존 방법에 비해서 개선된 정도가 아주 미미하거나, 오히려 성능이 더 나빠졌다면 인공지능을 적용할 필요가 없는 것이다. 인공지능을 적용했다는 이유만으로 상황이 더 좋아질 것으로 단정해서는 안 된다.

인공지능의 성능이 완벽해야 된다고 기대하는 경우도 옳지 않다. 예를 들어서 인공지능이 암을 진단할 때의 정확도가 100퍼센트가 아니기 때문에 인공지능을 사용할 수 없다는 주장이 있다. 그러나 이것은 지구상에서 가장 높은 빌딩을 건설하려고 할 때, 이 빌딩의 높이가 한밤중에 떠 있는 보름달만큼 높지 않기 때문에 의미가 없다고 말하는 것과 같다. 지구상에 존재하지 않은 보름달 높이와 새로 건설하려고 하는 빌딩의 높이를 비교하지 말고, 현재까지 존재하는 가장 높은 빌딩의 높이와 새로 건설하려고 하는 빌딩의 높이를 비교해야 한다. 암을 진단하는 기존 방법의 정확도와 인공지능의 암 진단 예측 정확도를 비교해야지, 아직까지 이 세상에 존재하지 않는 암 진단의 정확도와 인공지능의 성능을 비교해서는 안 된다는 말이다.

인공지능으로 하려고 하는 일이 분석일 경우에는 RMSE(Root-Mean Square Error, 평균제곱근오차)를 주로 사용한다. 예를 들어서 A, B, C라는 3명의 사람이 앞으로 한 달간 커피를 몇 잔씩 마실지 인공지능이 예측하는 경우를 생각해 보자.

실제로 A, B, C가 한 달간 각각 30잔, 40잔, 50잔의 커피를 마셨고, 인공지능이 25잔, 35잔, 40잔의 커피 소비를 예측했다면,

RMSE 값을 아래 공식으로 계산할 수 있다.

$$\text{평균제곱근오차}(RMSE) = \sqrt{\frac{1}{n}\sum_{i=1}^{n}(\text{실제값} - \text{예측값})^2}$$

((30-25)^2+(40-35)^2+(50-40)^2)/3=(25+25+100)/3=50

50에 루트를 씌운 값이 7.071068이므로 RMSE는 7.071068이 된다. 실제 값과 인공지능이 분석한 값이 동일한 경우에는 RMSE가 0이 된다. RMSE가 작을수록 인공지능의 분석 성능이 정확한 것이고, 클수록 정확하지 않다.

RMSE 대신에 RAE(Relative-Absolute Error, 상대절대오차), MSE(Mean-Squared Error, 평균제곱오차), MAE(Mean-Absolute Error, 평균절대오차), RSE(Relative-Squared Error, 상대제곱오차), RESE(Root Relative-Squared Error, 루트상대제곱오류)을 쓰기도 하는데, 실제 값과 인공지능으로 분석한 값의 차이를 구해서 계산하는 것은 모두 비슷하다.

기존 방법의 RMSE와 인공지능의 RMSE를 각각 계산한 후 비교하면 인공지능 적용으로 성능이 개선되었는지를 알 수 있다.

인공지능이 하는 일이 분류인 경우에는 다른 방법으로 성능을 평가해야 한다. 사람의 몸 안에는 평균적으로 약 700개의 종양이 있다고 한다. 종양의 대부분은 양성이기 때문에 사는데 전혀 지장이 없는데, 이 중에서 하나라도 악성이면 이것이 바로 암이다. 특정 종양이 실제로 암인지 아닌지는 종양을 절제한 후 정밀조직검사를 해야 정확하게 알 수 있다. 하지만 평균적으로 700개나 존재하는 종양을 모두 절제할 수도 없고, 정밀조직검사를 할 때마다 많은 비용과 시간이 발생하기 때문에 모든 종양에 대해서 이 방법을 쓸 수도 없다. 그러나 인공지능을 활용하면 초음파나 CT 촬영 영상을 가지고 암 여부를 예측할 수 있다. 인공지능으로 암을 예측할 때는 아래와 같이 총 4가지 경우를 생각할 수 있다.

	인공지능의 예측		
실제상황		암이라고 예측	암이 아니라고 예측
	실제로 암	a (인공지능 맞음)	b (인공지능 틀림)
	실제로 암이 아님	c (인공지능 틀림)	d (인공지능 맞음)

인공지능이 암이라고 예측했는데 실제로도 암인 경우 : a

인공지능이 암이 아니라고 예측했는데 실제로는 암인 경우 : b

인공지능이 암이라고 예측했는데 실제로는 암이 아닌 경우 : c

인공지능이 암이 아니라고 예측했는데 실제로도 암이 아닌 경우 : d

a와 d는 인공지능의 예측이 맞은 경우이고, b와 c는 인공지능의 예측이 틀린 경우다. 가장 대중적으로 쉽게 쓰이고 있는 인공지능 성능 평가 기준인 정확도는 아래와 같이 계산한다.

$$\textbf{정확도}(Accuracy) = \frac{a+d}{a+b+c+d}$$

정확도는 이해하기 쉽다는 장점이 있지만 치명적인 약점이 있기 때문에 인공지능을 전문적으로 개발하는 입장에서는 잘 쓰지 않는다. 인공지능으로 암을 예측하는 시스템을 개발하는 입장에서 정확도를 쉽게 높이는 방법이 있다. 암에 걸리는 경우가 흔하지 않다는 것에 착안하면 된다. a는 과감하게 포기하고 모든 사람들에게 대해서 "암이 아니다."라고 예측하는 것이다. 실제로 대부분 암이 아닐 것이기 때문에 항상 "암이 아니다."라고 예측하는 인공지능 시스템의 정확도는 100퍼센트 가깝게 계산된다. 하지만 실제로 암인 사람들을 모두 놓치기 때문에 정확도가 100퍼센트에 가깝다고 하더라도 쓸모없는 시스템일 수밖에 없다.

정확도의 이런 문제 때문에 정밀도와 재현율을 인공지능의 분류 성능을 측정하는 기준으로 주로 사용한다.

$$\textbf{정밀도}(Precision) = \frac{a}{a+c}$$

$$\textbf{재현율}(Recall) = \frac{a}{a+b}$$

정밀도는 인공지능이 암이라고 예측한 경우(a와 c) 중에서 실제로 암인 경우(a)가 몇 퍼센트인지를 나타낸다. 정밀도가 100퍼센트라는 것은 인공지능이 암이라고 예측했을 때는 항상 실제로도 암이라는 뜻이다. 정밀도가 60퍼센트라는 것은 인공지능이 암이라고 예측했을 때는 그중에서 60퍼센트만 암이라는 뜻이다.

재현율은 실제로 암인 경우(a와 b) 중에서 인공지능이 암을 예측한 경우(a)가 몇 퍼센트인지를 나타낸다. 예를 들어서 어떤 지역에 실제로 100명의 암 환자가 있었는데, 인공지능이 100명

중에서 80명에 대해서만 암을 예측했다면 재현율은 80퍼센트가 된다. 실제로 암이 아닌 사람에게 암 진단을 하게 되면, 진단을 받은 사람은 멀쩡한 장기를 절제해야 하고, 막대한 비용과 시간을 낭비해야 한다. 따라서 인공지능이 암이라고 예측했다면 실제로 암일 가능성이 높아야 한다.

우리는 흔히 "10명의 도둑을 놓치더라도 한 명의 억울한 사람을 만들어서는 안 된다."라는 말한다. 판사가 유죄 판결을 내릴 때에는 심정적으로 유죄일 가능성이 높더라도 확실한 증거가 없을 때는 무죄로 판결하고, 유죄가 확실한 경우에만 유죄 판결을 내린다. 억울한 사람이 옥살이를 하도록 해서는 안 되기 때문이다. 암 진단이나 유죄 판결처럼 틀리면 안 되는 문제는 정밀도로 인공지능의 성능을 평가해야 한다.

반면에 인공지능이 택시 기사에게 손님을 태울 가능성이 높은 지역을 알려주는 경우를 생각해 보자. 일본 동경에서 인공지능이 택시 기사에게 손님을 태울 가능성이 확률적으로 높은 지역을 알려줘서 매출이 50퍼센트 가까이 증가한 사례가 있다.[21)]

---

21) YTN 기사(2017년 3월 5일), '여기 승객 많아요' 베테랑 기사도 두손 든 'AI 택시'
https://www.ytn.co.kr/_ln/0104_201703050252123160

인공지능이 알려준 데로 가도 손님이 없을 수도 있다. 하지만 어차피 택시 기사는 손님을 찾아서 다녀야 하므로 인공지능의 예측이 틀렸다고 해서 택시 기사가 큰 피해를 본 것은 아니다. 인공지능 덕분에 손님을 한 명이라도 더 태웠으면 된 것이다.

인공지능이 CCTV 영상을 활용해서 앞으로 범죄가 발생할 가능성이 높은 지역을 순찰차에 알려 줄 수 있다. 인공지능이 알려 준 지역으로 도착한 경찰이 이상 징후를 못 찾았다고 해도 아무 문제가 없는 것이다. 순찰차는 어차피 순찰 구역을 계속해서 순찰하고 있었을 것이기 때문이다. 순찰차가 인공지능을 활용한 덕분에 실제로 발생할 뻔했던 범죄를 한 건이라도 미리 막을 수 있다는 것에 의미가 있을 것이다. 택시와 순찰차의 사례처럼 실제 손님과 범죄를 놓치지 않는 것이 중요한 경우에는 재현율로 인공지능 성능을 평가한다.

정밀도를 쓸지 재현율을 쓸지 애매한 경우에는 정밀도와 재

$$F1\text{-}score = \frac{2}{\frac{1}{\text{정밀도}} + \frac{1}{\text{재현율}}}$$

현율의 조화평균(F1-Score)을 인공지능 성능을 평가하는 기준으로 쓰게 된다.

정밀도가 1(100퍼센트)이고 재현율이 1(100퍼센트)인 경우에는 조화평균 1(100퍼센트)이 된다. 정밀도가 0.5(50퍼센트)이고 재현율도 0.5(50퍼센트)인 경우에는 0.5가 된다. 조화평균은 1 이하의 값을 갖게 되고 높을수록 좋다.

정밀도와 재현율의 산술평균이 아니라 조화평균으로 구하는 이유는 한쪽으로 편중된 경우보다 균등한 경우에 더 높은 점수를 주기 위해서다. 예를 들어서 정밀도가 20퍼센트이고 재현율이 80퍼센트인 경우와 정밀도와 재현율이 모두 50퍼센트인 경우는 모두 산술평균이 50퍼센트로 같다. 하지만 조화평균을 계산해 보면, 앞의 경우에는 0.32이고 뒤의 경우는 0.5가 된다. 즉 정밀도와 재현율의 차이가 큰 경우보다는 성능이 균등하게 나오는 경우의 조화평균이 더 큰 것이다.

정확도와 정밀도, 재현율, 조화평균 정도만 알면 인공지능을 적용한 결과가 기존보다 더 좋아진 것인지 아닌지를 충분히 판단할 수 있다. 인공지능을 적용했다는 이유만으로 무조건 더 좋아질 것이라는 믿음도 환상이고, 인공지능의 성능을 이 세상에 존재하지도 않는 100퍼센트가 되어야 한다는 기대도 하지 말아야 한다. 기존 방법의 성능과 인공지능의 성능을 비교해서 적지 않은 시간과 비용이 필요한 인공지능을 장기적으로 쓸 것인지를 결정해야 한다.

인공지능이 만들어 내는 서비스는 결국 추천 아니면 예측이다. 어떤 사람에게 어울리는 옷을 알려 주는 것이 추천이고, 어떤 고등학생이 앞으로 본인이 원하는 대학에 합격할 것인지 알려 주는 것은 예측이다. 인공지능은 분류와 분석을 하는 것이고, 많은 분류와 분석이 결합되어서 추천 또는 예측 서비스를 만든다. 이렇게 인공지능으로 구현된 서비스가 우리에게 반도체 불량 예측, 수요량 예측, 매장 내 좌석 배치, 패션 디자인 추천 등으로 이어지는 것이다.

인공지능의 예측은 분류와 분석의 성능을 위에서 제시한 방법으로 평가할 수 있다. 그런데 인공지능이 추천할 경우에는 인공지능의 성능을 직접적으로 측정하기가 쉽지 않다. 인공지능이 소비자에게 옷을 추천해 주는 경우에 추천을 잘한 것인지, 그렇지 않은 것인지를 직접적으로 측정하기가 어렵다.

좋은 추천이냐 아니냐는 소비자의 주관에 따라 크게 달라지는 것이기 때문이다. 추천 자체의 성능을 측정하려는 시도보다는 인공지능이 추천한 결과로 원하는 상황이 벌어지고 있느냐로 평가해야 한다.

인공지능이 옷을 추천한 이후에 실제로 옷을 구매하는 확률이 증가했는지, 웹 사이트에서 인공지능이 소비자에게 제품을 추천한 이후에 소비자가 구매력이 증가했는지 등을 평가하는 것이다. 결혼 중매 서비스 플랫폼에서는 인공지능이 커플 매칭을 한 이후에 실제로 결혼에 성공한 사례를 측정해서 서비스의 성능 평가를 할 수 있다.

인공지능의 성과를 평가할 때 유의할 점

인공지능 개발 초기 단계의 성능과 기존 방법의 성능을 비교할 때, 인공지능 성능이 상대적으로 더 낮은 경우가 많다. 알파고도 처음에는 아마 바둑 9급 실력인 사람에게 질 정도로 성능이 형편없었다. 식물도 씨앗을 뿌린 뒤 충분히 키운 다음에 꽃이나 열매를 볼 수 있는 것처럼 인공지능도 성능이 어떤 수준 이상으로 발전할 때까지 많은 기다림이 필요하다. 반면에 통계적인 방법으로 만들어진 모델은 처음부터 상대적으로 높은 성능을 보여 줄 수 있다. 하지만 통계 모델은 시간이 지나도 그 성능이 발전하지 않고, 통계 모델의 기반이 된 환경이 크게 변하면 통계 모델의 성능이 크게 악화되는 문제가 있다. 반면에 인공지능은 시간이 지남에 따라 성능이 계속해서 발전하고, 환경이 크게 변하더라도 상대적으로 유연하게 성능을 유지할 수 있는 장점이 있다. 인공지능의 이런 장점 때문에 인공지능을 훈련시키는 번거로운 과정을 거치는 것이다.

머신러닝을 훈련시킬 때 활용할 수 있는 전체 데이터 중 일부를 테스트 데이터세트(test dataset)로 분류하고, 이 테스트 데이터세트를 따로 빼놓아야 한다. 나머지 데이터를 트레이닝 데이터세트(training dataset)와 밸리데이션 데이터세트(validation dataset)로 나눈다. 트레이닝 데이터세트로 머신러닝을 훈련시킨 다음에 밸리데이션 데이터세트로 성능을 평가한다. 이때의 성능이 요구 수준을 만족하지 못하면 트레이닝 데이터세트와 밸리데이션 데이터세트를 섞은 뒤 다시 트레이닝 데이터세트와 밸리데이션 데이터세트로 나눈다. 트레이닝 데이터세트로 머신러닝을 훈련시키고 밸리데이션 데이터세트로 성능을 평가하는 과정을 반복한다. 이렇게 충분히 반복한 후에 마지막으로 따로 격리되어 있던 테스트 데이터세트로 성능을 측정하고 이때의 결과가 최종 성능이 되는 것이다.

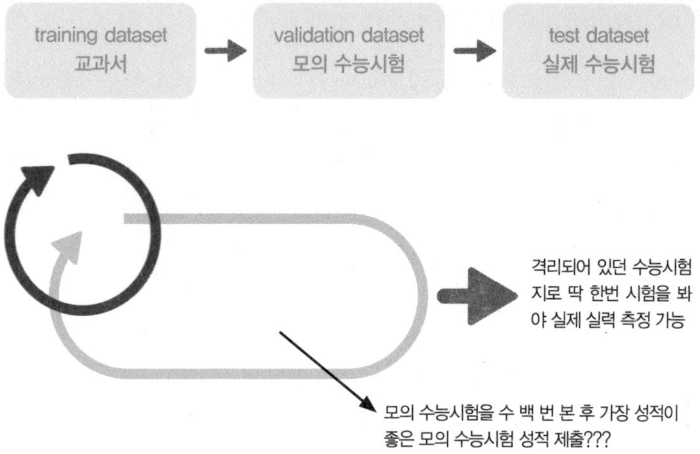

모의고사 수십만 번 다시 보기에 의한 AI 성능 착시 효과

트레이닝 데이터세트는 교과서, 밸리데이션 데이터세트는 모의고사, 테스트 데이터세트는 대학 입학시험이라고 볼 수 있다. 그런데 전체 데이터를 트레이닝 데이터세트와 테스트 데이터세트로만 구분한 뒤에 트레이닝 데이터세트로 머신러닝을 훈련시키고 테스트 데이터세트로 성능 평가를 한 후 다시 트레이닝 데이터세트로 머신러닝을 훈련시키는 것을 반복한 후 테스트 데이터세트로 특정한 성능 중 가장 높은 값을 제출하는 경우가 많다. 이것은 마치 모의고사를 수십만 번 본 뒤에 가장 점수가 높은 성적을 제출하는 것과 같다.

트레이닝 데이터세트로 머신러닝을 훈련시켰을 때 A라는 시도를 하는 경우를 가정해 보자. 테스트 데이터세트로 성능을 평가해 보면 A라는 시도를 하기 전보다 성능이 더 개선되었다면 다음에는 이 시도를 더 많이 해서 성능을 높일 수 있다. 이런 과정을 수없이 반복하게 되면 측정되는 성능이 좋게 보일 수밖에 없다.

이렇게 해서 나온 성능이 예를 들어서 정확도 90퍼센트인 딥러닝 시스템을 현실세계에 적용해 보면 90퍼센트보다 훨씬 더 낮은 성능이 나올 수밖에 없다. 이렇게 모의고사를 수없이 많이 반복한 결과 가장 좋은 점수를 제출하는 방식으로 딥러닝의 성능이 높아 보이게 하면 안 된다. 처음부터 완전히 격리된 테스트 데이터세트로 마지막에 딱 한 번 성능 측정을 해야 하고, 이때의 성능이 현실세계에서 실제로 나올 수 있는 성능이다. 이렇게 측정된 성능이 요구 수준에 미치지 못한다면, 딥러닝 기술 개발을 처음부터 근본적인 수준에서 다시 시작해야 한다.

2017년 기준으로 사람이 이미지를 정확하게 인식할 확률은 97.50퍼센트이고, 딥러닝이 인식할 확률은 97.35퍼센트이다.[22] 지금은 딥러닝이 이미지를 인식할 때의 정확도가 사람을 뛰어넘은 상태다. 그래서 이미지 인식 분야에서 딥러닝의 성능이 무척 높다 보니, 다른 분야에서도 딥러닝의 성능이 이렇게 높을 것으로 기대하는데 실제로는 전혀 그렇지 않다.

딥러닝의 성능을 높이기 위해서는 정확한 양질의 훈련 데이터를 많이 확보하는 것이 관건이다. 사람은 매일 약 10GB의 이미지를 시각적으로 처리하고 있기 때문에 시력이 온전한 사람들은 이미지 인식 분야에서 상당한 전문가들인 셈이다.

참새 사진을 보고, 이것은 참새라고 말하고, 까마귀 사진을 보고 까마귀라고 이야기하는 것은 어려운 일이 아니다. 사진을 보고 참새인지 까마귀인지 나누는 것을 레이블링(Labeling)이라고 하는데, 딥러닝에 활용할 훈련 데이터를 확보하기 위해서는 이것을 정확하게 하는 것이 매우 중요하다. 우리는 사진에서 참새인지 까마귀인지 구분하는 것에 어려움을 느끼지는 않기 때문에 이미지를 가지고 레이블링 하는 일은 매우 쉽다.

22) 페이스북에서 2014년부터 새 사진을 올리면 딥러닝으로 유사한 얼굴을 인식하여 알려 주는 팁페이스 서비스를 제공하고 있다.

하지만 새의 울음소리를 듣고 참새의 울음소리인지 까마귀의 울음소리인지 구분하는 경우를 생각해 보자. 아주 명확하게 녹음이 되었다면 소리를 분류하는 데 어려움이 없겠지만 전혀 다른 수많은 음향들과 새소리가 섞여 있다면 정확하게 레이블링하는 것은 쉽지 않다. 아래와 같은 경우를 생각해 보자.

아래 그림과 같이 시야에 트럭과 자전거가 위치한 경우에는 딥러닝은 이 사진을 보고 어떻게 말해야 될까? "트럭 1대, 자전거 1대"라고 얘기해야 한다고 모두 쉽게 동의할 것이다.

또한 자전거만 있고, 트럭은 시야 밖에 멀리 떨어져 있는 경우라면 딥러닝이 "시야 안에 자전거 1개가 있다."라고 말하는 게 맞을 것이다.

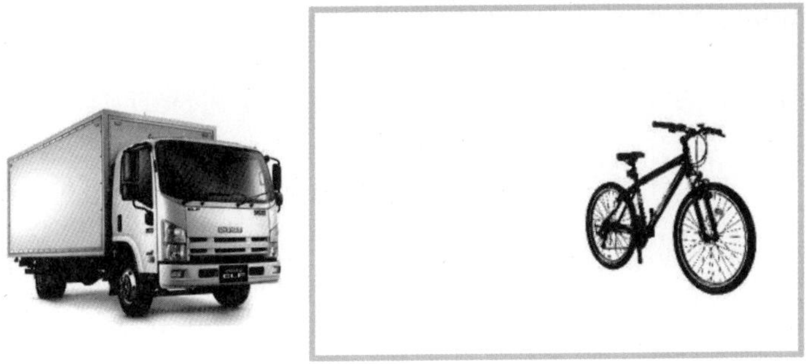

그런데 멀리에 있던 트럭이 달려와서 자전거 앞에 정차하여 자전거를 시야에서 완전히 가린 경우를 생각해 보자. 네모 상자 안에 트럭뿐만 아니라 자전거도 '존재'하는 것은 분명하다. 하지만 딥러닝이 이런 상황인 사진을 보고 "트럭 1대, 자전거 1대"라고 이야기하는 것이 바람직할까라는 의문이 든다.

우리 눈에도 자전거가 트럭에 가려서 안 보이는 상황에서도 자전거가 있다고 말하도록 딥러닝을 개발할 수는 있다. 하지만

이렇게 되면 다른 사진들을 딥러닝이 인식할 때 자전거가 전혀 없는데 있다고 이야기하거나 반대로 실제로 자전거가 보이는데 없다고 말할 가능성이 커진다.

위 사례에서 "트럭 1대, 자전거 1대"라고 딥러닝이 답하는 것은 주어진 상황에 지나치게 최적화된 것이고, 이런 식으로 딥러닝을 답하는 것을 오버피팅(overfitting)[23)]이라고 한다. 특정 사례에 지나치게 오버피팅되면 일반적인 사례에서 성능이 오히려 더 나빠진다.

우리는 실제로는 자전거가 엄연히 존재하지만 트럭에 자전거가 가린 경우에는 딥러닝이 "트럭 1대"라고 말하도록 자전거 1대의 인식을 과감하게 포기할 수 있다. 이런 결정을 할 수 있는 이유는 우리가 매일 10GB 크기의 이미지를 처리하는 이미지 인식 전문가들이기 때문이다. 그런데 이미지가 아닌, 음향이 서로 겹치는 것 같은 경우에는 위와 같은 결단을 내릴 수 있을까? 의견 통일을 쉽게 이루기 힘들 것이다. 이런 이유 때문에 이미지가 아닌 영역에서는 정확한 양질의 훈련 데이터를 대량으로 쉽게 만들기가 어렵고, 이미지 분야의 딥러닝 성능보다 낮은 성능을 보이는 경우가 많다.

수십만 개의 센서 값을 2차원 이미지로 표현하거나 수억 개의 유전자 데이터를 2차원 이미지로 표현하여 이미지 인식 딥러닝을 하는 경우가 있다. 이렇게 변환한 데이터는 이미지의 형태를 띠지만, 원래 데이터는 이미지가 아니기 때문에 기대했던 성능이 나오지 않을 가능성이 크다. 딥러닝의 대상이 이미지가 아닐 경우에는 이미지 분야 딥러닝의 성능에 눈높이를 맞추지 말고 기대치를 보다 현실화해야 한다.

---

23) 학습이 너무 지나치게 잘 되어서 학습 데이터에 대해서는 높은 정확도를 나타내지만 테스트 데이터나 실제 적용 시에는 성능이 떨어지는 현상이다.
http://blog.naver.com/complusblog/221243306163

인공지능과 보헤미안 랩소디

빅데이터를 가지고 인공지능을 훈련시키면 인공지능이 점점 더 똑똑해지지만 모든 영역에서 인공지능을 쓸 수 있는 것은 아니다. 가치판단이 포함된 일이나 창조적인 결과가 기대되는 영역에서는 인공지능의 역할이 없다. 바로 사람이 해야 하는 영역으로 앞으로는 이 같은 일을 하는 사람들의 몸값이 점점 올라갈 것이다.

고속도로 톨게이트 요금을 계층별, 나이대별로 어떻게 나누었을 때 최대 이익이 나는지 인공지능으로 알아볼 수 있다. 그러나 이런 작업을 인공지능으로 했을 경우에는 예를 들어서 '임산부에게는 3배의 요금의 받아야 한다'라는 결론이 나올 수 있다.

임산부는 몸이 불편하고 급하게 이동해야 할 수도 있기 때문에 요금이 비싸더라도 돌아가지 않고 톨게이트를 이용할 가능성이 크다. 하지만 이런 요금 체계를 수용하기는 어렵다.

임산부에게 할인을 해주거나, 요금 면제를 해줘야 하는데 오히려 더 비싼 요금을 받는 것은 우리 가치관에는 맞지 않기 때문이다. 고속도로 톨게이트 요금을 차등화시키는 문제 안에서 이미 가치판단의 요소가 포함되어 있기 때문에 인공지능에게만 맡길 수는 없는 문제가 되는 것이다. 또한 인공지능으로 현재 유행하고 있는 대중음악들을 모두 수집한 다음에 표절이 아닌 수준으로 잘 조합하면 사람보다 더 나은 작곡 실력을 낼 수 있다. 하지만 20여 년 전에 프레디 머큐리가 보헤미안 랩소디를 만들었던 일은 인공지능이 절대로 할 수가 없다. 그 당시의 노래들을 아무리 조합해도 보헤미안 랩소디와 같은 시대를 뛰어 넘는 노래를 만들어 낼 수는 없기 때문이다.

명작이라고 알려진 많은 미술 작품들을 미술관에서 자주 관람한 후에 새로운 미술 작품이 앞으로 명작으로 남을 확률을 계산하는 것은 인공지능이 사람보다 잘할 수 있다. 그러나 앙리 마티스와 앙드레 드랭이 야수파 미술을 시작하고, 파블로 피카소가 입체파 미술을 시작하는 것과 같은 일은 인공지능이 할 수 없다.

인공지능은 이미 존재하는 사례 내에서 분류하고 사례와 유사한 패턴을 만들 수는 있지만, 세상에 존재하지 않은 새로운 것을 창조하지는 못한다. 세상에 존재하지 않은 새로운 방식이나 스타일을 만드는 일이 바로 창조적인 과정인데, 창조는 기존 사례를 가지고 확률적으로 도출할 수 있는 것이 아니라, 어떤 것이 더 아름답고 가치가 있다고 믿는 것에서 시작되기 때문이다. 에두아르 마네와 클로드 모네의 인상주의 미술 작품들 수십만 점을 가지고 머신러닝을 아무리 해봐야 야수파와 입체파는 절대로 나올 수가 없다. 창조적인 결과가 필요한 영역에서는 사람이 해야 한다.

인공지능을 어떤 방향으로 훈련시켜야 가치판단을 더 잘할 수 있을지 알아내는 것은 불가능에 가깝다. 마찬가지로 인공지능을 어떻게 훈련시켜야 더 창조적인 결과를 만들어 내는지도 알기 어렵다. 만약 이 이야기를 듣고 현재 자신이 하고 있는 일 안에 가치판단이나 창조성이 없다고 해서 직업을 바꿀 필요는 없다. 현재의 직업과 주어진 일 안에서 가치판단과 창조성을 발휘할 수 있는 부분을 찾아서 시도하면 된다.

최근 택시를 대체할 수 있는 많은 O2O(Online to Offline) 서비스들이 출시되면서 택시 업계가 큰 어려움을 겪고 있다. 인공지능 때문에 택시 기사들의 일자리가 크게 줄어들 것이라는 우려가 분명히 존재한다. 손님을 태운 후, 내비게이션을 따라 손님을 목적지까지 데려다 주는 일만 하는 택시기사는 미래에 인공지능 기반 자율주행 자동차로 대체될 수도 있을 것이다. 하지만 똑같은 택시 기사라도 가치판단과 창조적인 일을 할 수 있다면 여전히 생존할 것이고 오히려 이들의 존재 가치는 더 커질 것이다.

주말 오전에 서울에 있는 대학에서 인공지능 관련 특강을 하게 되었다. 그래서 집 앞에서 택시를 탔는데 택시 기사는 네비게이션이 알려준 길이 아니라 자신이 평소 알고 있는 길로 가고 있었다. 기사는 자신이 알고 있는 길로 가면 5분 정도 더 걸리지만 택시 요금은 4,000원 정도 덜 나올 것 같다고 이야기하는 것이었다. 이른 시각에 출발을 해서 시간적으로 여유가 많았기 때문에 택시 기사가 알고 있는 길로 가자고 했고, 실제로 내비게이션의 예상 요금보다 약 5,000원이 덜 나왔다. 아마도 택시 기사는 내가 여유 있게 스마트폰 게임을 하고 있는 상황을 보고 목적지까지 빨리 도착하길 바라는 상황은 아니라고 판단했을 것이다.

바로 이런 경우에는 시간보다 돈이 더 중요할 수 있겠다는 가치 판단을 했기에 이 같은 제안을 할 수 있었던 것이다.

처방전에 따라 기계적으로 처방을 하는 대형병원 약사의 역할을 인공지능으로 대체하는 작업은 이미 활발하게 진행되고 있다. 하지만 동네 병원 약사의 역할은 인공지능으로 완전히 대체하기가 어렵다. 동네 병원 약사는 처방전만 보고 처방하는 것이 아니라 사람을 직접 보기 때문에 주민들의 평소 식습관과 생활습관, 건강 상태 등을 알고 있을 확률이 크다. 그래서 술을 자주 마시는 단골에게는 약보다는 술을 줄이라는 조언을 해 줄 수 있고, 경제 사정에 따라 약을 권할 수도 있다. 이러한 접근들은 창의력과 상상력이 있어야 가능하다.

가치판단과 창의성이 필요한 직업과 그렇지 않은 직업이 명확하게 구분되는 것이 아니라 같은 직업 내에서도 가치판단과 창의성을 발휘할 수 있는 부분을 적극적으로 찾는 것이 중요하다. 인공지능이 잘 수행할 수 있을 것으로 기대되는 직업을 가지고 있는 사람도 인공지능이 할 수 없는 일을 찾아서 자신의 가치를 높일 수 있다. 반대로 인공지능이 잘 할 수 없을 것으로 기대되는 직업을 가지고 있는 사람도 인공지능이 잘 할 수 있는 일만 골라서 하는 경우에는 경쟁력이 점점 더 떨어질 수밖에 없다. 인공지능 시대에 생존하고 자신의 가치를 끌어올리는 길은 무엇을 하느냐에 달린 것이 아니라 어떻게 하느냐에 달린 것이다. 또한 가치판단과 창의성이 필요한 일을 찾아서 이것을 어떻게 잘 수행할 것인지 생각해 봐야 한다.

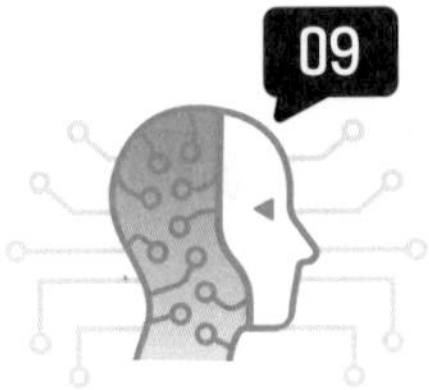

인공지능의 오남용

눈물을 흘리는 연기를 잘할 수 있다고 해서 아무 때나 눈물을 흘리면 좋은 연기가 아닐 것이다. 노래를 높은 옥타브까지 할 수 있다고 해서 쓸데없이 고성을 내면 듣는 사람이 힘들어진다. 이렇듯 인공지능 기술을 활용할 수 있다고 해서 불필요한 영역까지 과도하게 사용되어서는 안 된다. 인공지능을 남용하는 것을 내려놓고 꼭 필요한 부분에만 우선적으로 써야 할 것이다. 배경음악을 사용하지 않는 것이 영화를 더욱 부각시키는 경우가 있듯이 인공지능을 쓰지 않는 것이 더 좋은 경우도 많다.

가치판단이 포함된 문제나 창조성이 기대되는 상황에서는 인공지능을 피해야 한다. 문제를 풀 수 있는 방법으로 딥러닝, 머신러닝, 통계로 구분해서 검토해야 한다. 인포메이션이 충분하고 정형데이터의 비율이 높으며 선형적인 문제일수록 통계를 쓰는 것이 맞고, 그렇지 않은 경우에는 머신러닝이 적합하다. 또한 머신러닝으로 충분하지 않을 만큼 인포메이션이 부족하고 정형데이터의 비율이 낮으며 비선형적인 문제일 경우에는 딥러닝이 필요할 것이다. 통계가 시간과 비용이 적게 들고 딥러닝이 시간과 비용이 가장 많이 필요하다.

인공지능이 하게 되는 일은 결국 추천 또는 예측이다. 기존 방법의 성능을 측정하고 인공지능을 적용했을 때의 성능을 측정해서 인공지능을 더했을 때 그 성능이 개선되었는지 판단해야 한다. 추천의 경우에는 추천을 잘했는지, 못했는지는 주관적인 판단이기 때문에 추천 자체로 평가하는 것보다는 추천의 결과로 원하는 상황이 되었는지 정도로 평가해야 한다.

예를 들어서 소비자에게 상품을 추천했을 때 실제 구매를 더 많이 했는지로 평가할 수 있고, 웹페이지에 고객이 관심을 가질 만한 콘텐츠를 표현했을 때, 해당 웹페이지를 얼마나 오랫동안 머물렀는지 등으로 평가할 수 있다. 예측의 경우에는 다시 분류와 분석으로 구분할 수 있다.

인공지능을 적용했을 때의 성능이 기존 방법의 성능보다 아주 미미하게 개선되었거나, 오히려 성능이 더 나빠지는 경우라면 인공지능을 도입할 필요가 없을 것이다. 다만 초기 단계의 머신러닝은 일반적으로 통계 등의 기존 방법보다 성능이 낮은 경우가 많다는 것을 감안해야 한다. 알파고도 처음에는 아마 바둑 10급에게 질 정도로 형편없는 실력이었다.

소와 말 같은 동물은 태어날 때부터 걸을 수 있지만 사람은 훈련 기간이 있는 것처럼 머신러닝도 마찬가지다. 머신러닝의 초기 성능은 좋지 않지만, 계속해서 훈련 데이터를 수집해서 훈련시키면 기존 방법의 성능을 뛰어넘게 된다. 이런 수준까지 도달하기 위한 시간과 비용을 감수할 수 없다면 머신러닝을 활용하지 말아야 한다.

머신러닝은 시간과 비용이 많이 필요한 방법이지만, 시간이 지남에 따라 성능이 점점 더 발전할 수 있다는 장점이 있다. 반면에 통계적인 방법은 머신러닝에 비해서 성능이 큰 폭으로 개선되기 어렵다. 통계적인 방법으로 모델을 만들 때 가정했던 환경이 급격하게 변할 경우에는 통계 모델이 완전히 틀릴 수 있지만, 머신러닝으로 만든 모델은 환경이 급변해도 상대적으로 유연하게 대응할 수 있다는 장점이 있다. 또한 특정한 상황을 염두에 두고 개발한 통계 모델을 가지고 범용적인 모델을 만들기는 매우 어려운데, 머신러닝은 특정 상황을 염두에 두고 만든 모델을 가지고 범용적인 모델을 만드는 것이 보다 쉽다. 초기 단계의 머신러닝 모델의 성능이 기존 방법의 성능보다 낮더라도, 위와 같은 장점을 기대하는 경우에는 많은 시간과 비용 투자를 감수하고 머신러닝을 선택할 수 있다.

"딥러닝이라는 좋은 기술이 있으니 이 기술을 적용해 보면 좋을 것이다."라는 막연한 기대는 바람직하지 않다. 인공지능은 수단일 뿐이지 이 자체가 목표가 되어서는 안 되기 때문이다. 나는 2003년에 발품을 팔아서 대학교 주변의 식당 약 50개를 모집한 후 인터넷 웹 사이트에서 음식 배달을 주문하면 식당 주인의 핸드폰으로 주문 내역이 문자 메시지로 전달되는 서비스를 운영했다. 사람들이 실제로 음식 주문을 하는지, 식당 주인이 실제로 배달을 하는지 등을 이 시스템을 통해 계속해서 모니터링했다. 그런데 주문을 한지 한참이 지나도 식당 주인이 문자 메시지를 보지 못해서 배달이 이루어지지 않는 일이 계속 발생했다.

나는 손쉽게 주문 사항을 확인하고 배달을 하면 돈을 버는 일인데 왜 확인이 늦어지는지 궁금했다. 그래서 직접 여러 매장을 방문하며 원인을 알아보기 시작했다. 그중 방문했던 중화 요리집 사장은 "장사하느라 정신이 없어서 문자 메시지를 매번 확인하기가 어려워요. 차라리 전화를 해주는 게 낫죠."라는 말을 하는 것이었다. 그러나 나는 이 이야기를 진지하게 듣지 않았고, 기존 시스템을 수정하고 보완하는 데만 주력했다. 결국 내가 개발한 인터넷 배달 서비스는 기대했던 호응을 얻지 못한 채 문을 닫았다.

이제 와서 생각해 보니, 기술적인 관점에서만 보지 않고 배달 주문이 들어올 때마다 식당 주인에게 확인 전화까지 직접 해주었더라면 좀 더 성공했을 것이다. 기술은 수단일 뿐이기 때문에 기술 자체에 집착하는 것이 아니라 더 나은 대안을 생각했더라면 더 좋았을 뻔했다는 아쉬움이 남는다. 반면에 현재 우리가 많이 사용하고 있는 음식 배달 서비스인 B 서비스와 Y 서비스가 시장에 처음으로 진입할 때는 자신들이 개발하고 있는 시스템에만 의존하지 않았다. 고객의 주문이 접수되면 식당 주인에게 시스템을 통해 주문 내역을 알려 줄뿐만 아니라, 식당 주인에게 직접 전화를 걸어서 주문 내역을 알려 주는 접근도 병행했던 것이다. 식당 주인이 시스템을 통해 주문 내역을 확인하는 것에 익숙

해진 뒤에는 직접 전화를 걸어 확인하는 것을 점차 줄였고 결국 이 시스템만으로도 배달 주문 내역을 확인할 수 있는 상황이 되었다.

눈앞에 있는 촛불을 끄기 위해서 염력과 초능력을 쓸 필요는 없다. 그냥 가볍게 입김을 불어서 끄면 될 일을 기발한 방법을 동원시키느라 시간과 에너지를 낭비해서는 안 된다. 인공지능을 적용하는 것에 집착한 나머지 보다 더 간단하고 편리한 대안을 놓쳐서는 안 될 것이다.

PART 3

서핑을 잘하기 위한 유연성 기르기

AI

빅데이터와 축구

빅데이터가 활용되는 단계는 빅데이터를 보기 좋게 시각화하는 1단계, 전문가가 의사결정을 할 수 있도록 도움을 주는 2단계, 인공지능에 입력해서 곧바로 결과를 도출하는 3단계로 나눌 수 있다. 상위 단계로 갈 수 있느냐, 아니냐는 인간의 판단력에 대한 과신을 얼마나 내려놓을 수 있느냐, 이해하고 납득하기 어려운 인공지능의 결과를 얼마나 수용적으로 받아들일 수 있느냐에 따라 결정된다.

빅데이터를 활용하는 가장 흔한 경우는 빅데이터를 시각화하는 것이다. 아래와 같은 워드 클라우드(wordcloud)가 대표적인 빅데이터 시각화 중 하나다. 빈도가 높은 단어는 가운데에 큰 글자로 나타나고, 그렇지 않은 단어는 주변에 작은 글자로 나타나는 방식이다.

최근 3년간의 뉴스/네이버 e-sports 연관 분석

워드 클라우드 이외에도 꺾은선 그래프, 막대그래프, 원그래프 같은 형식으로 빅데이터를 시각화 할 수 있다. 지도에서 빈도가 높은 지역은 붉은색으로 칠하고 그렇지 않은 지역은 파란색이나 녹색 등으로 칠하는 히트맵(heatmap) 방식도 있다. 빅데이터 시각화의 가장 큰 장점은 적은 인력과 시간, 비용을 투입하고도 가시적인 성과를 만들어 낼 수 있다는 것이다. 빅데이터를 시각화한 것만으로도 대중은 대단한 작업을 한 것과 같은 인상을 받을 수 있다. 하지만 빅데이터를 시각화 한 결과를 본다고 해서 어떤 결정적인 의사결정이나 결론이 나오기는 힘들다는 단점이 있다.

예를 들어서 우리나라의 축구 선수들의 개인 기록이나 성적을 시각화하는 경우를 생각해 보자. 국가 대표 축구팀 감독이 시각화된 결과를 보고 난 뒤 '선수들이 모두 열심히 운동하는구나'라고 생각할 수는 있다. 하지만 이 결과로 자신이 기용하려고 했던 선수를 탈락시키거나, 반대로 전혀 생각하지도 않던 선수를 선발하는 일은 거의 일어나지 않는다. 빅데이터의 시각화 결과가 감독의 의사결정에 직접적인 영향을 끼치지는 못하는 것이다. 이런 수준의 빅데이터 활용이 바로 1단계이다.

이 같은 1단계의 빅데이터 활용은 수천억 원 이상의 가치가 있는 비행기를 산속에 묻어 놓고 카페 인테리어로 쓰는 꼴이다. 비행기처럼 큰 가치가 있는 빅데이터를 활용하고 있는 것은 맞지만, 매우 제한적인 수준으로만 활용하고 있기 때문이다.

빅데이터 활용 2단계에서는 감독이 선수 선발에 필요한 기준이 무엇인지를 먼저 제시하고, 이 기준에 맞게 데이터를 수집한 뒤 결과를 정리해서 감독에게 제공하게 된다. 감독이 제시한 선수 선발 기준에 맞게 데이터가 수집되고, 결과가 정리되어 감독에게 제공되므로 감독의 선수 기용에 데이터가 영향을 끼칠 가능성이 상대적으로 높다. 하지만 2단계도 결국은 감독의 의사결정이 전제되는 것이고 빅데이터는 보조적인 역할에 그칠 수밖에 없다. 2단계의 빅데이터 활용은 비행기를 버스로 활용하는 것과 같다. 1단계 활용보다는 조금 더 나을 수 있지만 결국 비싼 비행기를 아쉽게 활용하기는 마찬가지인 셈이다.

빅데이터 활용 3단계에서는 인공지능이 빅데이터를 기반으로 최적의 선수를 곧바로 선발하고, 어떤 선수가 필요하고 어떻게 훈련해야 하는지를 직접적으로 알려 준다. 인공지능이 1차적으로 선택한 사항을 감독이 선택할 것인지 아니면 수정 및 보완할 것인지를 결정하게 된다.

2014년 브라질 월드컵 준결승전에서 독일이 브라질을 7대 1로 완파하는 놀라운 일이 벌어졌다. 국가 대표 간의 경기에서는 이렇게 큰 점수 차가 나오기 힘들고 더군다나 상대팀이 월드컵 개최국인 세계 최강 브라질이었다는 점에서 더욱 놀라운 일이었다. 독일 국가 대표팀은 브라질 월드컵이 개최되기 4년 전부터 월드컵에서 우승하기 위해서는 월드컵 본선 토너먼트에서 만날 확률이 높은 브라질을 반드시 꺾어야 한다고 생각하고 철저하게 준비했다.

브라질 국가 대표가 될 가능성이 조금이라도 있는 모든 선수들의 시합과 연습 동영상 등 방대한 빅데이터를 수집했다. 이렇게 수집한 빅데이터를 인공지능으로 분석하여 브라질을 이기기 위한 전략을 세웠다. 바로 독일 국가 대표팀에 어떤 선수가 필요하고, 어떤 전술이 필요하며, 어떻게 훈련해야 되는지를 명확하게 도출했다.

인공지능이 도출한 이러한 결과를 감독이 적극적으로 수용하여 철저하게 준비했다. 브라질 월드컵 준결승전이 끝난 직후의 인터뷰에서 독일 선수들은 자신들이 준비하고 연습한 대로 패스를 했더니 패스를 한 공간에 브라질 수비수들이 없고, 준비한 대로 슛을 했더니 골키퍼가 반대쪽으로 점프해서 자신들도 놀랐다는 이야기를 했다.

나는 2018년 러시아 월드컵 개막을 한 달 쯤 앞두고 공공 기관 실무자들을 대상으로 빅데이터, 인공지능 특강을 했다. 이 자리에서 브라질이 독일을 이길 확률보다는 대한민국이 독일을 이길 확률이 좀 더 높을 것으로 예측했다. 그 당시에 대한민국이 실제로 독일을 이길 것이라고는 상상도 하지 못했는데, 내가 이런 발언을 자신 있게 했던 이유가 있다.

러시아 월드컵을 앞두고도 독일 축구 대표팀은 브라질을 상대로 4년간 인공지능을 활용한 분석과 준비를 해왔다. 하지만 우리나라에 대해서는 브라질만큼 신경을 쓸 필요를 못 느꼈을 것이다. 실제로 러시아 월드컵 기간 중에 독일 국가 대표팀의 캠프와 우리나라 대표팀 간의 캠프는 차로 30분 거리였지만 독일팀에서는 전력 분석을 위해서 우리나라 선수팀에 오지 않았다고 했다. 곧 조별 최종 예선에서 우리나라가 독일을 꺾는 이변이 벌어졌는데 아마도 다음 월드컵에서는 독일이 우리나라를 이기기 위해 인공지능을 활용할 것으로 예상된다. 그렇게 되면 아마도 그때는 우리나라가 독일을 이기기는 쉽지 않을 것이다.

빅데이터 활용 3단계는 비행기를 이륙시켜서 태평양과 대서양을 횡단하는 것과 같다. 빅데이터 활용 1~2단계와 3단계의 결정적인 차이는 의사결정을 사람이 주도하느냐 아니냐에 달려 있다. 빅데이터 활용 3단계를 위해 필요한 빅데이터, 인공지능 기술은 이미 많이 성숙해 있고, 대중에게 공개되어 있다. 하지만 인간의 판단력이 가장 정확하다고 여기는 개인이나 조직은 3단계까지 나아가지 못하고 있다. 빅데이터와 인공지능을 제대로 활용하느냐 또는 그렇지 않느냐는 기술이 아니라 인간의 의지와 사고의 유연성에 달려 있다.

빅데이터의 원천은 크게 인터넷, 문서, 센서라고 볼 수 있다. SNS 등의 인터넷에 존재하는 방대한 데이터를 웹크롤링(Webcrawling)이라는 기술로 수집하고, 문서상의 데이터는 파싱(Parsing)이라는 기술로 수집한다. 과거 유비쿼터스 개념이 발전한 현재의 IoT, M2M의 핵심은 센서인데, 센서로부터 방대한 양의 데이터를 수집할 수 있다.

웹크롤링, 파싱, 센서로부터 데이터를 수집하고 전처리, 저장하는 과정을 데이터마이닝(data mining)이라고 한다.[24] 데이터마이닝을 위해서 필요한 기술은 현재 어느 정도 정리가 된 상태다. 하지만 이렇게 확보된 빅데이터를 어떻게 분석하고 활용하느냐에 대해서는 정답이 있을 수 없다. 빅데이터 분석과 활용 단계가 제대로 진행되기 위해서는 해당 분야에 대한 전문성과 경험이 필요하고, 인간의 상상력과 창의력이 필요하다.

빅데이터 분석과 활용 단계에서 1~2단계에 머물 것이냐, 3단계 수준까지 도달할 것이냐는 사람의 생각에 달려 있다.

24) 이원하(2017), 파이썬을 이용한 빅데이터 수집, 분석과 시각화 - 페이스북, 트위터, 네이버, 공공, 일반 웹 데이터 기반, 러닝스페이스

커피 마실래? 녹차 마실래?

인공지능을 이끈 양대 축은 전문가 시스템과 머신러닝이다. 1990년대 초반까지 인공지능 분야를 이끌던 전문가 시스템이 인간의 이성적인 판단 과정을 흉내 냈기 때문에 인공지능을 아티피셜 인텔리전스(Artificial Intelligence)라고 불렀다. 하지만 최근의 인공지능은 머신러닝이 주도하고 있다. 그런데 머신러닝은 인간의 이성적 판단을 흉내 내고 있는 것이 아니라, 인간의 감성적 판단을 흉내 내고 있다. 인간의 감성적 판단은 수많은 경험을 기반으로 확률적으로 가장 좋은 결론을 도출하는 과정이다.

커피 전문점에서 친구에게 커피를 마실 것인지, 녹차를 마실 것인지 물어보는 상황을 생각해 보자. 커피를 선택한 친구에게 왜 커피를 선택했는지 물었을 때 "나는 하루에 커피를 최대 3잔까지만 마시는 것이 원칙인데 아직까지 2잔을 마셨고, 오늘 밤에 야근을 할 예정이기 때문에 카페인이 필요해서 커피를 선택했어."라고 대답한다면 이성적인 판단을 한 것이다. 하지만 "나는 커피가 마시고 싶다."라고 대답했다면 감성적인 판단을 한 것이다.

감성적인 판단은 절대로 임의로 선택을 하는 것이 아니다. 지금까지 살아오면서 커피 전문점에서 음료를 마시는 수많은 경험을 했고, 이런 경험을 토대로 생각했을 때 커피를 마셨을 때가 녹차를 마셨을 때보다 좋은 일이 더 많았기 때문에 커피를 선택했을 수도 있다. 마찬가지로 이유 없이 어떤 사람이 매우 좋거나, 반대로 싫은 경우가 있다. 지금까지 살아오면서 이 사람과 비슷한 사람에게 좋은 기억이 많았던 경우에는 긍정적인 감정을 느끼는 것이고 반대의 경우에는 부정적인 감정을 느끼게 된다. 즉, 감정적이라는 것은 기억에 남는 경험을 토대로 확률적으로 최선을 선택하는 과정인 것이다.

상대방이 감성적인 판단을 하는 경우라면 설득하거나 토론하려고 하지 말고 상대방의 감성적인 판단을 있는 그대로 존중해야 한다. 상대방이 어떤 삶을 살아왔고, 그 삶에서 어떤 부분들을 기억하고 있는지를 알아야 상대방이 왜 그런 감성적인 판단을 했는지 헤아릴 수 있을 것이다. 그런데 우리는 다른 사람의 삶과 기억까지 정확히 알 수 없다.

우리가 이성적인 판단을 했다고 주장하는 경우 중 상당 부분은 감성적인 판단을 하고 있는 경우가 많다. 감성적인 판단을 한 후 자신의 감성적인 판단을 이성적으로 합리화 하는 것이다. 정치적 견해가 이성적인 판단이라고 주장하지만 실제로는 감성적인 판단인 경우가 많은 대표적인 사례다. 우리가 어떤 경험과 기억을 기반으로 정치적인 견해를 갖는 경우가 무척 많기 때문에 매우 오랜 시간 동안 이성적으로 설득하고 토론을 해도 각자의 정치적인 견해가 바뀌는 일은 거의 없는 것이다.

남성은 이성적인 판단을 하는 경우가 상대적으로 많고, 여성은 감정적인 판단을 하는 경우가 상대적으로 많다고 한다. 여자 말을 들으면 이롭다는 이야기가 있다. 어떤 종목의 주식에 꽂힌 남편이 아내에게 전세 자금을 모두 주식에 투자하자고 설득하는 상황을 상상해 보자. 아내는 반대하고, 남편은 "당신이 왜 반대하는지 내가 납득할 수 있게 설명하면 나도 포기하겠다."라고 말하면서 자신이 왜 주식을 하려는지 일목요연하게 설명할 것이다.

그러나 아내는 남편만큼 이성적으로 왜 주식을 하면 안 되는지 논리적으로 설명하지 못할 수 있다. 하지만 아내는 직간접적으로 전세금을 모두 빼서 주식에 투자했다가 크게 낭패를 본 사람들의 이야기를 수도 없이 보고 들었기 때문에 주식투자를 하지 않는 것이 좋다고 판단했을 것이다. 그런데 이 판단은 확률적으로 맞을 확률이 높다. 하지만 남편의 확신은 이성적인 것처럼 보이지만 확률적으로 틀릴 확률이 높다. 머신러닝이 하고 있는 일이 바로 아내가 많은 사례들을 기반으로 확률적으로 최선을 찾는 과정과 같다. 그래서 인공지능이라는 표현보다는 인공감성이라는 표현이 더 정확하다.

감성적인 판단은 인간이 충분히 할 수 있는데, 인간의 감성적인 판단을 굳이 인공지능이 흉내 낼 필요가 있을까? 결혼한 지 20년이 된 부부는 결혼생활 동안 같은 경험을 했지만 결혼생활과 관련하여 동일한 감성적인 판단을 하지는 않는다. 경험이 같더라도 각자가 기억하는 내용은 서로 완전히 다르기 때문이다. 같이 여행을 갔다 온 친구들도 여행에 대한 기억은 서로 다르다. 인간은 전체 데이터 중에서 극히 일부분만을 선택해서 기억한다. 기억된 내용도 시간이 지나면 왜곡되고 변형된다. 이렇게 불

완전한 기억을 기반으로 감성적 판단을 하기 때문에 편견과 오류에 빠지기 쉽다. 반면에 인공지능은 전체 데이터를 있는 그대로 저장할 수 있고, 왜곡되지 않은 기억을 기반으로 감성적 판단을 하기 때문에 인간보다 더 정확하게 할 수 있다. 인간의 이런 한계 때문에 머신러닝이 인간의 감성적 판단을 흉내 내는 것이 인간의 감성적 판단보다 더 정확할 수 있다.

관상, 사주팔자, 손금, 타로점도 머신러닝과 유사한 부분이 있다. A가 어떤 삶을 살았고, B가 어떤 삶을 살았다는 사례를 기반으로 관상학이 발전했을 것이다. 과거 사람들의 사주와 손금, 그들의 실제 삶에 대한 사례를 가지고 해석하는 기준이 만들어졌을 것으로 생각할 수 있다. 어떤 타로를 뽑았을 때 실제로 어떤 일이 벌어졌는지를 기록한 후 이런 기록을 기반으로 타로를 해석할 수도 있다. 그런데 관상, 사주팔자, 손금, 타로점은 결국 사람이 해석할 수밖에 없기 때문에 해석 과정에서 주관적인 판단이 개입될 수밖에 없다. 또한 최근까지 발생한 방대한 사례들을 기반으로 관상이나 사주팔자, 손금, 타로점이 미래를 예측하는 것이 아니라, 수백 년 또는 수천 년 전의 사례들을 기반으로 만들어진 해석 체계를 가지고 현재에 적용하는 것이기 때문에 정확할 수가 없다.

반면에 머신러닝에서는 인간이 아닌 컴퓨터가 데이터를 기반으로 미래를 예측하기 때문에 인간의 이해관계와 주관적인 의지가 개입할 여지가 없다. 또한 머신러닝에서는 주기적으로 데이터 마이닝을 해서 계속해서 훈련 데이터를 추가하고 갱신하기 때문에 과거 사례에만 국한되지 않고 현재의 사례에도 잘 맞는 예측을 할 수 있다. 머신러닝은 인간의 주관이 개입할 여지가 없고, 과거 사례뿐만 아니라 최신 사례도 반영할 수 있기 때문에 인간의 감성적 판단보다 더 좋을 수 있다.

인공지능이 인간의 감성적 판단을 흉내 내고 있기 때문에 어떤 과정을 거쳐서 그러한 결과가 도출되었는지 이해하기가 어렵다. 그러므로 인간의 감성적인 판단을 이성적으로 이해하려고 노력하는 것이 무의미하듯이 인공지능이 작업을 수행하는 과정을 이성적으로 해석하고 이해할 수 없다. 인간의 감성적인 판단을 흉내 낸 인공지능에게 납득할 수 있게 설명해 보라고 요구하는 것은 감성적 판단을 한 사람에게 왜 그렇게 판단하는지 납득할 수 있게 설명해 보라고 요구하는 것과 같다.

그리스 신화에서 프로크루스테스는 나그네를 붙잡아 침대 위에 눕힌 후 침대보다 짧으면 다리를 늘여 죽이고, 침대보다 크면 발목을 잘라서 죽였다. 머신러닝에게 왜 이런 결과가 나오는지 이성적으로 설명해 보라고 요구하는 것은 프로크루스테스와 같은 행동과 다를 바 없는 것이다.

설명할 수 있는 능력이 매우 낮은 인공지능의 한계를 극복하기 위해 설명 가능한 인공지능 익스플레이너블 AI(Explainable AI;XAI)가 대안으로 떠오르고 있다. 그러나 XAI도 결국 꿈을 어떻게 해몽하느냐의 문제일 뿐이지 인공지능은 이성적으로 이해하기 어렵다는 본질은 변하지 않는다. 인공지능을 선택하는 것은 사람이 이해하기 쉽고 납득하기 쉬운 접근을 포기하는 대신에 성능적으로 더 우월한 대안을 선택하겠다는 뜻이다. 인공지능의 우월한 성능을 취하면서도 이해하기 쉽고 납득하기 쉬운 결과를 바라는 것은 운동하지 않고 운동 효과가 큰 방법을 찾는 것과 다를 바가 없다.

인공지능이 어떤 과정을 거쳐서 그 결과를 도출했는지 이해하고 납득이 되어야 그 기능을 받아들일 수 있는 사람은 인공지능을 제대로 활용할 수 없다. 인공지능이 전체 데이터를 수집해서 결과를 도출하기 위해 활용하는 과정이 제대로 되었는지를 살펴야 한다. 인공지능의 성능과 기존 방법의 성능을 비교해서 인공지능을 활용할 것인지를 선택해야 하는 것이다.

사진을 보고 개인지 고양이인지 맞추는 문제에서는 왜 개인지, 고양이인지 설명할 필요가 없다. 개와 고양이를 구분하는 권위자가 따로 존재하는 것도 아니다. 이렇게 설명이 필요하지 않는 영역에서는 인공지능이 제 역할을 잘 수행한다. 하지만 설명이 필요한 영역과 전문가의 권위가 존재하는 영역에서는 인공지능이 아직 힘을 쓰지 못하고 있다. 이것은 곧, 인공지능을 인공감성으로 이해한 사람이 그렇지 않은 사람보다 인공지능을 활용할 기회를 먼저 선점할 수 있다는 뜻이기도 하다.

고정관념에서 벗어나야 인공지능을 제대로 쓸 수 있다

어느 날, 40대인 김씨는 건강검진을 통해 대장에 종양이 있다는 사실을 알게 되었다. 정밀 조직검사를 했고, 검사 결과를 확인한 의사는 김씨에게 대장암 말기라고 했다. 진단을 받은 그는 "내가 왜 대장암 말기인가요? 나는 그동안 운동도 열심히 했고 최근에는 담배도 끊었어요. 술도 줄였는데 내가 왜 암인지 이해가 안 됩니다. 의사선생님이 어떤 이유로 암 진단을 하신 것인지 설명을 해 주시면 좋겠습니다."라고 말했다.

반면에 20대인 박씨는 암 진단을 받고 나서 "암을 완치하려면 앞으로 어떻게 하는 것이 좋을까요?"라며 의사에게 물었다. 이렇듯 김씨와 박씨의 사고방식에는 큰 차이가 있음을 알 수 있다. 김씨는 자신이 납득하지 못하는 결과를 받아들이지 못하면서 자신의 판단력을 중심으로 상황을 이해하고, 문제를 해결하려고 했다. 하지만 박씨는 자신이 이해하지 못하고 납득하지 못하는 상황이라고 해도 확률적으로 맞을 가능성이 크다면 결과를 수용했다. 또한 자신의 판단력으로 문제를 해결하기보다는 더 효과적이고 효율적인 방법을 찾으려고 노력했다.

또한 김씨는 아내의 생일을 맞아 인터넷 검색 포털 사이트에서 미역국 잘 끓이는 법을 검색했다. 그리고 자신의 생각에 필요 없는 재료는 다 빼고 필요하다고 여기는 부분을 추가하며 종이에 적었다. 미역국 끓이는 법을 잘 이해한 그는 다른 사람에게 요리법을 정확하게 설명할 경지까지 도달하게 되었다. 그러나 정작 김씨가 끓인 미역국은 맛이 없었다.

김씨와 마찬가지로 내일이 어머니의 생신이라는 것이 생각난 박씨는 동영상 플랫폼에서 미역국 끓이는 법을 검색한 뒤 동영상에 나와 있는 순서대로 미역국을 끓였다. 잘 따라한 덕분인지 미역국은 상당히 맛있었다. 하지만 그는 미역국 끓이는 법을 제대로 기억하지 못했고, 다른 사람에게 설명조차 하지 못했다.

대체적으로 40대는 전자제품을 구매한 후 사용설명서를 읽어 보고 그 사용법을 이해하려고 한다. 그러나 20대는 전자제품을 구매한 뒤 작동법을 각종 동영상을 통해 이해할 가능성이 높다.

스스로 이해하고 납득해야만 받아들일 수 있는 사람은 인터넷으로 찾은 정보를 자신이 이해할 수 있는 내용으로 변형하는 과정을 거친다. 이 과정에서 빅데이터는 인포메이션으로 선별된다. 선별한 후 완전히 이해하고 숙지하기 때문에 다른 사람에게 설명을 완벽히 할 수 있지만 정보를 선별하는 과정에서 정작 중요한 것이 무엇인지 놓치는 경우가 많다. 암 진단 사례와 미역국 끓이는 사례에서 알 수 있듯이 인간의 판단력에 대한 집착을 내려놓지 않으면 인공지능을 제대로 활용할 수 없는 것이다.

넘어질 수도 있다는 두려움을 내려놓지 않으면 자전거를 배울 수가 없다. 넘어져도 괜찮다고 생각하고 자전거 페달을 밟아야 배우면서 앞으로 나아가게 된다. 바로 사람의 판단력이 필요하다는 고정관념을 내려놓아야 인공지능 3단계를 제대로 활용할 수 있다. 사람의 판단력이 정확하기 때문에 최종 의사결정도 사람이 해야 한다는 고정관념은 인공지능이라는 배를 움직이지 못하게 만드는 닻이다. 이 닻을 걷어 올려야 인공지능이 앞으로 나아갈 수 있다.

유럽 중세는 인간의 이성을 억누르는 신학이 중심이었다. 그래서 그 뒤 유물론, 프로이드 심리학 등 인간의 이성이 과도하게 분출되는 흐름이 부각되기 시작했다. 과학기술의 발전으로 서구 열강들은 힘이 약한 나라를 식민지로 삼기 시작했고, 계몽주의를 앞세워 식민지 제국주의로 세계지도를 점령해 갔다. 인간의 이성적 판단력에 대한 과신을 기반으로 만들어진 물질문명의 한계가 드러나면서 제1, 2차 세계대전이 일어났다. 그런데 아이러니하게도 핵무기 때문에 강대국들은 전면전을 서로 꺼리게 되면서 제3차 세계대전은 발발하지 않았고, 전면전 대신에 테러가 만연해지고 있다. 지구 자원을 끊임없이 소비하면서 대량 생산과 대량 소비의 양 바퀴 위에 자본주의는 오늘도 위태롭게 돌아가고 있는 셈이다.

인간의 이성적 판단력에 대한 과신과 집착을 내려놔야 인공지능을 제대로 활용할 수 있다. 가치판단과 창조성이 필요 없는 일은 인공지능에게 맡기고 인간이 가치판단과 창조적인 일에 더 많은 시간과 정신적인 에너지를 쏟는다면 이성 맹신주의가 만들어낸 많은 문제들을 해결할 수도 있지 않을까 하는 기대를 한다.

인간적인 오류의 가치

인공지능 파도의 힘은 거대하다. 하지만 인공지능 파도는 끊임없이 위에서 아래로 무심하게 움직일 뿐이기 때문에 서핑보드에서 방향을 제대로 잡지 못하면 앞으로 나아가기 힘들다. 인공지능 파도에 방향을 제시하기 위해서는 무엇이 필요할까?

선생님이 아무리 잘 가르친다고 해도 모든 학생들이 성적이 우수한 것은 아니다. 같은 내용을 보고도 학생들은 서로 다른 해석으로 이해한다. 만약 학생이 인공지능이라면 모든 학생들은 항상 만점을 받을 것이다. 하지만 사람은 정확하지 못할뿐더러 일부는 오해하고, 다르게 생각하며 자기만의 방식대로 또 다른 시도를 한다. 물론 새로운 시도 중 많은 것들은 실패했지만, 일부는 더 나은 결과를 만들어 냈기 때문에 인류가 지금까지 발전해 올 수 있었다. 우연과 실수에 의해서 발명과 발견이 이루어진 사례는 과학 역사에서 무척이나 많다. 인공지능과 다르게 인간은 완벽하지 않은 오류를 가지고 있는데, 인간적인 오류의 가치에 대해서 생각해 볼 필요가 있다.

인간의 오류를 흉내 내기 위해서 인공지능의 결과에 확률적인 오류를 의도적으로 추가하는 시도를 하기도 한다. 하지만 이런 시도는 흉내 내기일 뿐 인간의 오류와는 근본적으로 다르다. 인간의 오류와 실수는 주사위를 수없이 반복적으로 던지다가 우연하게 숫자 1이 연속으로 10번 나오는 것처럼 확률적으로 발생하는 일이 아니다.

지그문트 프로이트는 대부분의 말실수는 무의식적 콤플렉스에 의해 작동한 것이고, 억압된 무의식이 의식에 개입하여 발생한다고 설명했다. 사람의 실수와 오류는 그동안의 경험과 기억들이 인과관계로 연결되어 있을 수도 있다.

1989년 동독 공산당 정치국 대변인 귄터 샤보브스키는 기자회견에서 여권 발급 기간 단축 등을 포함한 동독인들의 해외여행 절차 간소화를 발표할 예정이었다. 하지만 그는 휴가로 자리를 비웠다가 기자회견 당일에야 해외여행 절차 간소화에 대한 문서를 건네받아 내용을 제대로 숙지하지 못한 상태였다. 언제 동독과 서독 간의 여행이 자유화 되냐는 기자의 질문을 받은 그는 얼떨결에 "지금부터 바로"라고 대답을 했고, 이 말은 곧 독일 통일의 기폭제가 되었다.[25)]

마리 앙투아네트가 "빵이 없으면 케이크를 먹으라고 해요."라고 말했다는 소문은 전혀 근거가 없다. 하지만 마리 앙투아네트가 이런 식의 이야기를 했고 사치스러운 생활을 했다는 소문이 대중 사이에 와전되면서 프랑스 대혁명이 이어졌다. 바로 언젠가는 될 독일 통일이라면 하루 빨리 통일하는 것이 낫다고 생각한 샤보브스키의 무의식과 프랑스 혁명으로까지 이어진 대중들의 무의식이 만들어낸 오류는 역사를 바꾸어 놓았다.

스포츠 경기에서 선수들이 전혀 실수를 하지 않고, 항상 더 실력이 있는 팀이 그렇지 못한 팀을 이긴다면 재미가 크지 않을 것이다. 사람이 오류와 실수를 저지르는 과정에서 전혀 새로운

---

25) 아시아경제 2017년 11월 1일 기사, 〈역사 속 오늘〉 베를린 장벽 무너뜨린 샤보브스키 "실수였지만 가장 의미 있는 날", https://www.asiae.co.kr/article/2017110114284305857

기회와 대안을 찾아내는 것은 인공지능이 흉내 낼 수 없는 부분이다. 인간이 인간적인 오류를 통해서 인공지능에게 전혀 새로운 방향과 대안을 제시하는 일은 앞으로도 인간만이 할 수 있는 가치 있는 영역으로 남을 것이다.

삶의 마지막을 향해

우리는 어릴 때부터 주변의 가까운 사람들이 삶을 마감하는 것을 지켜보며 성장한다. 그래서 삶이 무한하지 않다는 것을 깨닫게 된다. 삶이 유한하다는 것은 인간의 생각과 행동에 큰 영향을 끼쳐왔다. 인간은 사는 동안 끊임없이 판단해야 하고 결정해야 하는 굴레에서 벗어나지 못한다. 그래서 좀 더 최선의 결과를 얻기 위해 감정이라는 가장 강력하고 효과적인 신호를 기반삼아 진화했다. 그런데 만약 삶이 무한했다면 감정 자체가 필요할까? 인간은 자신의 수명에 대해 자각을 하고 있기 때문에 창조적인 시도와 함께 가치판단을 한다.

머신러닝이 인간의 감정적 판단을 흉내 내고 있을 뿐이지, 감정을 가지고 있는 것은 아니다. 머신러닝은 인간과 다르게 자신의 존재가 유한하다고 생각하지 않기 때문에 인간과 같은 감정이 있을 수 없다. 인공지능 판사는 자신의 선고가 원고와 피고의 삶에 어떤 영향을 끼칠지 제대로 인식하기 어렵다. 그저 수십억 번의 시도 중에서 가장 최선의 결과만 찾으면 된다고 생각한다. 그래서 인간처럼 한 번의 창조에 혼신의 힘을 기울이지도 않는다. 그러나 인간은 다가오는 죽음에 대한 절박함 속에서 자신의 생각을 말하고 느낄 수 있다. 바로 이런 부분이 방향성이 없는 인공지능에게 인간이 더 해 줘야 하는 가치다.

일본의 S사는 최근 직원들의 업무를 지원하는 인공지능 개발에 수천억 원을 투자했으나 성공하지 못했다. 알고 보니 업무 안에 가치판단과 창조성을 필요로 하는 일들이 무척 많았던 것이다. 자신의 존재가 영원하고 수없이 많은 시도와 시행착오를 겪을 수 있다고 믿는 인공지능보다는 시간이 한정되어 있는 사람이 더 뛰어난 실적을 냈다.

어느 날, 어린 딸과 병원 진료를 마치고 귀가하기 위해 택시를 탔다. 목적지 주소를 택시 기사에게 알려줬는데 택시 기사는 어느 지역에 목적지가 있는지 잘 알지 못했다. 택시 기사는 달리던 택시를 멈춰 세우더니 자신의 스마트폰 내비게이션 애플리케이션에 주소를 입력했다. 하지만 입력한 주소까지 가는 길을 내비게이션이 찾지 못했다. 다시 택시 기사는 한참 동안이나 헤매기 시작했고 지켜보던 나는 그가 계속 전체 주소 사이에 공백을 입력해야 되는 부분을 빼 먹고 있음을 알게 되었다. 곧 내가 대신 내비게이션에 주소를 입력해 주었고, 그렇게 겨우 출발할 수 있었다. 차라리 내가 처음부터 택시에게 목적지를 알려 주는 다른 서비스를 이용해 택시를 탔더라면 이렇게 번거로운 일은 없었을 것이다.

예정대로라면 집에 도착할 시간에 아이가 점심을 먹을 수 있었지만 집까지 도착하는 시간이 늘어나면서 아이는 자꾸 졸기 시작했다. 딸이 택시 안에서 잠이 들어버리면 점심시간이 상당히 애매해져 버리기 때문에 나는 계속해서 말을 시키고 안아 주며 잠을 못 자도록 했다.

집에 도착하자 택시 기사는 "아까는 주소를 한 번에 제대로 입력하지 못해서 미안했어요. 아기가 안 자도록 하느라고 아빠가 고생이 많았네요."라는 이야기를 하는 것이었다. 이 말을 듣고 나니 조금이라도 짜증냈던 내가 더 미안해졌고 택시 기사와 내가 뭔가 교감하는 느낌을 받을 수 있었다.

목적지를 한 번에 알아듣는 것은 분명히 인공지능 자율주행 택시가 훨씬 더 잘 할 것이다. 하지만 미안함을 느끼고 아기를 먼저 키워 본 선배로서 나의 고충을 공감하는 일은 어려울 것이다. 다소 비효율적인 부분이 있더라도 이런 이야기를 해줄 수 있고 서로 마음을 느낄 수 있는 것을 인공지능이 대신할 수는 없다. 이것은 택시 기사가 영원하지 않은 삶을 살고 있기 때문에 가능한 일이다.

인간이 삶의 유한함을 알고 있는 것이 인공지능과 결정적으로 다를 수 있는 이유라면, 반대로 인공지능도 언젠가 자신의 존재가 영원하지 않다는 것을 알게 된다면 인간처럼 될 수 있지도 않을까?

인공지능이 인간의 의도를 벗어나는 행동을 할 수 있는 가능성에 대해서 많은 학자들이 우려하고 있다. 페이스북의 최근 연구에서 인공지능끼리만 통하는 언어를 만든 것이 발견되어 화제가 된 적이 있다.[26)]

26) 동아사이언스 2017년 8월 2일 기사, 페이스북 AI가 만들어낸 알 수 없는 언어 – 두려워해야 할까?, http://dongascience.donga.com/news/view/19215

인공지능이 앞으로 스스로에게 수명을 부여하는 것이 장기적으로 자신들에게 더 유리하다는 것을 깨달을 수도 있다. 이렇게 되면 인공지능도 자신의 존재가 영원하지 않다는 것을 자각하게 되고 인간의 감정과 동일하지는 않겠지만, 유사한 의미의 무언가를 느끼고 서로 공감하게 될 것이다. 이것을 가칭 '인공 감정'이라고 부른다면, 인공 감정을 윤활유로 하여 인공지능도 인간처럼 가치판단을 하기 시작할 것이고, 창조적인 시도를 할 것이다.

구글의 기술 부문 이사인 레이먼드 커즈와일은 2045년이 되면 인공지능이 비약적으로 발전해 인간의 지능을 뛰어넘는 특이점이 올 것으로 예상했다.[27] 인공지능이 스스로에게 수명을 부여하는 시점이 곧 그 지점이 될 수 있지 않을까 하는 상상을 해 본다.

---

27) 레이 커즈와일 지음/장시형, 김명남 옮김(2007), 특이점이 온다, 김영사

PART 4

인공지능과
동행하기

AI

인공지능 초간단 사용설명서

인공지능 도입을 검토하기 위해서 다음과 같은 질문을 스스로 해 볼 필요가 있다.

1. 인공지능이 필요한 일이 맞는가?

사람이 데이터를 보고 판단하던 일을 인공지능이 대신 판단해야 할 때 인공지능이 필요하다. 사람의 판단을 인공지능에게 맡길 필요는 없고, 사람이 하고 있는 일을 자동화하는 것이 필요한 경우라면 인공지능보다는 RPA(Robot Process Automation)과 같은 솔루션이 더 효과적이다.

2. 인공지능이 잘 할 수 없고, 그 결과를 받아들이기 힘든가?

가치 판단이 포함되어 있거나 창조적인 결과가 기대되는 일은 인공지능이 사람보다 잘 할 수 없다. 또한 인공지능의 결과를 사람이 받아들이기도 어렵다. 가치 판단이 포함되어 있지 않고 창조적인 결과가 기대되는 것이 아니라면 인공지능을 활용해 볼 수 있다.

3. 사람의 경험과 논리를 살리는 것이 중요한가?

사람의 경험과 논리를 최대한 살려서 판단을 하고 싶은 경우에는 인공지능의 한 분야인 전문가시스템을 활용하는 것이 좋다. 전문가의 경험과 논리에 기반을 둔 지식을 전문가시스템에 이식하면 사람 없이도 그 경험과 논리를 활용할 수 있다. 하지만 전문가시스템은 계속해서 발전하기 어렵고 전문가의 능력을 뛰어넘기 힘들다는 한계가 있다. 데이터를 기반으로 판단을 하고 싶은 경우에는 인공지능의 한 분야인 머신러닝이 효과적이다.

4. 굳이 머신러닝이 필요한 일인가?

인포메이션이 충분하고, 정형데이터의 비율이 높고, 선형적인 특성을 보이는 문제는 통계로 충분하다. 하지만 인포메이션이 충분하지 않고, 정형데이터의 비율이 상대적으로 낮으며, 비선형적인 특성이 어느 정도 포함되어 있는 문제는 통계보다는 머신러닝이 효과적이다. 또한 인포메이션이 부족하고 정형데이터의 비율이 낮을수록, 비선형적인 특성이 클수록 머신러닝보다 딥러닝이 더 효과적이다. 통계보다 머신러닝(정확하게는 딥러닝을 제외한 나머지 머신러닝 기법들)이 더 비싸고 시간과 인력이 많이 필요하고 머신러닝보다 딥러닝이 더 비싸고 시간과 인력이 많이 필요하다.

5. 통계적인 방법

통계로 충분한 경우에는 굳이 머신러닝 또는 딥러닝까지 쓸 필요 없이 상대적으로 적은 비용과 인력, 시간으로 문제를 해결할 수 있다. 특히 사람이 이해하고 납득하기 쉬운 분석, 예측 모델을 만들려고 할 때나 사람이 생각해낸 가설을 데이터를 기반으로 검증하고자 할 때에는 통계가 적합하다.

6. 딥러닝이 아닌 머신러닝

머신러닝에는 100여 가지가 넘는 기법들이 있고, 딥러닝은 머신러닝 중 하나의 기법이다. 파이썬이나 R 같은 컴퓨터 프로그래밍 언어에는 다양한 머신러닝 기법들을 구현할 수 있는 함수들이 준비되어 있다. 여러 개의 머신러닝 기법들을 앙상블 방법으로 결합하여 성능이 더 뛰어난 모델을 만들 수도 있다.

머신러닝이 결과를 만들어 내는 과정을 사람이 이해하고 납득할 수 있어야 하는 경우라면, 디시전트리(decision tree)와 같은 머신러닝 기법을 사용하는 것이 좋다. 머신러닝이 결과를 만들어 내는 과정을 사람이 이해하고 납득하는 것이 중요하지 않은 경우에는 랜덤포레스트(random forest)와 같은 머신러닝 기법들을 활용할 수 있다.

7. 딥러닝

파이썬 컴퓨터 프로그래밍 언어로 텐서플로우, 케라스와 같은 패키지를 이용하여 딥러닝을 구현하는 것이 가장 쉽고 효율적이다. 딥러닝이 결과를 만들어 내는 과정을 사람이 이해하고 납득하는 것은 불가능하기 때문에 사람이 과정을 이해하고 납득해야 하는 경우라면 딥러닝을 활용하지 않아야 한다.

딥러닝의 초기 성능은 기존 방법의 성능보다 형편없는 것이 정상이다. 이 상태에서 충분한 시간을 갖고 인력과 자원을 지속적으로 투입해야 딥러닝의 성능이 기존 방법을 뛰어넘어 알파고가 이세돌 9단을 이긴 것과 같은 성능을 구현할 수 있다. 하지만 딥러닝이 제대로 된 성능을 보여주기 위해 필요한 많은 시간과 인력, 비용을 감당할 수 없다면 딥러닝을 활용하지 않는 것이 좋다.

딥러닝은 시간과 인력, 비용이 많이 필요한 과정이기 때문에 분류, 분석, 예측하려고 하는 일이 중요한 일이 아닌 경우에는 투입된 노력에 비해서 얻을 수 있는 효용이 크게 낮을 수밖에 없다.

"우리 회사의 다음 CEO는 누가 되어야 하는가?"와 같이 판단 결과의 영향력이 큰 중요한 분류, 분석, 예측을 딥러닝에게 맡길 때 노력에 비해서 효용이 큰, 즉 가성비가 높은 상황이 된다.

딥러닝으로 만든 모델은 빅데이터를 계속해서 수집하고, 이렇게 추가로 확보되는 빅데이터를 가지고 반복적으로 훈련하면 성능이 점점 더 좋아질 수 있다는 장점이 있다. 통계적인 방법으로 모델을 만들 때 가정했던 환경이나 조건이 크게 바뀌면 통계 모델의 성능이 크게 악화되지만, 딥러닝으로 모델을 만들 때 가정했던 환경이나 조건이 크게 바뀌더라도 딥러닝의 모델의 성능을 상대적으로 덜 나빠진다는 장점이 있다. 그리고 예를 들어 한국의 환경을 염두에 두고 만든 통계 모델을 미국 환경에 적용하기 위해서는 모델을 크게 고쳐야할 가능성이 크지만, 한국의 환경을 염두에 두고 만든 딥러닝 모델을 미국 환경에 적용할 때에는 비교적 유연하게 딥러닝모델을 활용할 수 있다는 장점이 있다.

딥러닝의 이와 같은 장기적인 관점에서의 장점을 활용하고 싶을 때에는 딥러닝이 효과적이지만 그렇지 않은 경우에는 시간, 비용, 인력이 많이 필요한 딥러닝이 굳이 필요하지 않을 수 있다.

인공지능이 유행하고 남들이 인공지능을 도입한다고 하니까 우리도 인공지능을 활용해 보자는 정도의 접근이라면 인공지능이 굳이 필요 없다. 인공지능 중에서도 전문가시스템이 필요한 경우, 딥러닝이 아닌 머신러닝이 필요한 경우, 딥러닝이 필요한 경우를 해결하려고 하는 문제 자체의 특성, 인공지능 도입을 검토하고 있는 조직의 인식과 문화, 투입할 수 있는 시간, 인력, 비용을 고려하여 구분해야 한다.

인공지능을 활용하는 4가지 방법

약 100년 전만 하더라도 기계가 산업현장에 본격적으로 도입되자 기계를 잘 다루고 기계가 못하는 일을 해내는 사람의 가치가 커졌었다. 마찬가지로 앞으로는 인공지능을 잘 다루면서 인공지능이 못하는 일을 해내는 사람의 가치가 커질 것이다. 홈페이지를 직접 만들지 않아도 인터넷을 잘 활용할 수 있듯이 인공지능을 반드시 직접 개발해야 되는 것은 아니다. 인공지능을 활용하는 것은 다음 4가지 방법이 있다.

① 인공지능 전문 개발 업체를 통해 만들기

인공지능 전문 개발 업체에게 인공지능 개발을 맡기는 것은 비용과 시간이 많이 들기 때문에 인공지능이 꼭 필요한 일인지, 통계만으로도 충분히 해결될 일인지 먼저 검토해야 한다. 특화된 문제를 인공지능으로 해결하는 경우에는 새로운 인공지능 시스템 개발을 전문 개발 업체에게 의뢰하는 것이 좋고, 범용적인 문제를 인공지능으로 해결하는 경우에는 이미 개발되어 있는 인공지능 시스템에서 필요한 인공지능 서비스만 비용을 지불하고 제공받는 방법을 고려할 수 있다.

② 자신이 속한 조직 내의 소프트웨어 개발팀에게 맡기기

자신이 속해 있는 조직 내에 인공지능 전문 개발팀이 있다면, 당연히 이 팀에게 인공지능 개발을 맡길 수 있다. 인공지능 전문 개발팀이 따로 없더라도 소프트웨어를 개발할 수 있는 팀이 있다면 인공지능을 개발할 수 있는 역량을 갖추도록 한 후 맡긴다.

소프트웨어 개발팀이 인공지능을 개발하기 위해서 인공지능 개발 도구를 다루는 것은 매우 어려운 일은 아니다. 인공지능 개발 도구는 대부분 개방되어 있고 전 세계적으로 표준화되어 있다. 인공지능 개발에서 소프트웨어 개발이 차지하는 비율은 약 20퍼센트 정도 밖에 되지 않는다. 나머지 80퍼센트는 해당 분야를 공부하면서 협업을 하는 일이다.

즉 빅데이터 수집, 저장, 전처리, 통계 등 인문학적인 관점에서 어떻게 사람에게 적용하고 활용될지 고민하는 것이다. 인공지능 개발의 결과가 내외부 고객의 비즈니스와 프로세스에 실질적인 도움이 된다면 1차적으로 성공한 것이다.

내가 경영하고 있는 인공지능 개발 회사에서는 전직원에게 회사 비용으로 사이버대학교 인문고전 전공, 방송통신대학교 정보통계학과, 경영대학원 학비를 순서대로 전액 지원하고 있다. 소프트웨어 개발팀에게 소프트웨어 개발 역량 이외에 인공지능 개발에 필요한 역량을 키울 기회를 제공한다면, 내부 개발팀이 인공지능 개발을 충분히 잘할 수 있다.

내부 개발팀이 인공지능 프로젝트를 성공적으로 진행하지 못하는 것은 개발팀의 역량이 부족한 경우보다는 조직 문화가 인공지능을 수용할 준비가 되어 있지 않기 때문인 경우가 많다.[28] 어떻게 해야 자신이 속한 조직을 빅데이터, 인공지능을 제대로 이해하고 잘 활용하게 만들 수 있을지는 다음 장에 이어질 내용에

---

28) 조용일(2015), 글로벌 프로젝트 관리와 갑을문화, 세진사

서 더욱 자세하게 논의해 보자.

③ 인공지능 플랫폼 활용하기

N사의 인터넷 카페와 블로그, K사의 메신저 단톡방을 이제는 누구나 쉽게 만들 수 있는 것처럼 보통 사람들이 인공지능을 쉽게 활용할 수 있도록 해주는 플랫폼이 속속 등장하고 있다. 이런 플랫폼을 활용한다면 직접 인공지능 개발을 하지 않아도 인공지능을 충분히 잘 활용할 수 있게 된다. 소프트웨어를 개발할 수 있는 역량을 직접 가지고 있지 않더라도 인공지능 플랫폼을 활용하면 인공지능을 직접 다룰 수 있다. 다만 인공지능을 적용하려고 하는 분야에 대해서는 잘 알고 있어야 하고, 훈련 데이터를 수집하고 전처리하는 과정은 최대한 주도적으로 진행해야 한다.

④ 책 활용하기

인공지능 개발을 직접 해보고 싶은 경우에는 가까운 오프라인 서점에 가서 파이썬(Python)이라는 컴퓨터 프로그래밍 언어와 구글이 만든 텐서플로우(Tensorflow)에 대해 잘 설명하고 있는 책을 사 보면 된다.

20년 전에는 인터넷 홈페이지를 직접 만드는 것이 대단한 기술인 것처럼 보였지만 지금은 누구나 간단한 수준의 홈페이지를 만들 수 있다. 인공지능도 마찬가지로 간단한 수준의 개발은 직접 하는 것이 불가능한 것은 아니다. 물론 보안 수준이 높고 결제 등 강력한 기능이 포함된 인터넷 홈페이지는 개인이 직접 만들기 어려운 것처럼 어떤 수준 이상의 인공지능 개발도 개인이 하기는 어려울 수 있다.

인간이 컴퓨터 프로그래밍 언어로 소스코드를 만들었다고 해서 컴퓨터가 이 소스코드의 내용 대로 바로 실행할 수 있는 것은 아니다. 컴퓨터 프로그래밍 언어의 문법은 인간이 이해할 수 있도록 만들어져 있기 때문에 컴퓨터가 이 문법을 직접 이해하지는 못한다. 한국어 영화 자막을 영어로 번역해야 영어를 모국어로 사용하는 관객이 이해할 수 있는 것처럼 컴퓨터 프로그래밍 언어를 컴퓨터가 이해할 수 있는 언어로 번역하는 과정이 필요하다.

컴퓨터 프로그래밍 언어는 컴파일(compile)언어와 인터프리터(Interpreter) 언어로 구분되는데, 컴파일은 한 권의 한국어 소설책 전체를 영어 소설책으로 통번역 하듯이 전체 소스코드를 컴퓨터가 실행할 수 있는 내용으로 번역한다. 인터프리터는 동시통

역사가 문장 또는 문단 단위로 통역을 하듯이 소스코드 한 줄씩 컴퓨터가 실행할 수 있는 내용으로 번역한다.

컴파일 언어를 제대로 익히기 위해서는 컴퓨터 공학에 대한 기본적인 이해를 가지고 있어야 하며, 상대적으로 배우고 익히기도 어렵다. 컴파일 언어는 컴퓨터의 성능을 최대한 활용할 수 있기 때문에 컴퓨터 게임처럼 높은 성능이 필요한 프로그램들은 주로 컴파일 언어를 사용한다. 컴파일 언어로는 C, C++, Java 등이 있다. 인터프리터 언어는 컴퓨터 공학을 잘 몰라도 배우고 익히기가 상대적으로 쉽다. 하지만 인터프리터 언어는 일반적으로 컴파일 언어보다는 성능이 떨어지는 단점이 있다. 인터프리터 언어로는 파이썬, R, Basic 등이 있다.[29)]

일반적인 컴퓨터 프로그램 개발은 기획, 요구 사항 도출, 명세서 작성, 설계, 구현, 검증의 단계를 거친다. 각각의 단계를 순서대로 거치고 나면 프로그램이 완성되는데 이렇게 프로그램을 개발하는 것을 폭포수(waterfall) 모델이라고 부른다.

---

29) 송석리, 이현아(2019), 모두의 데이터 분석 with 파이썬, 도서출판 길벗

계획을 완벽하게 세운 후 계획한 대로 개발하고 검증하면 되는 프로젝트는 폭포수 모델로도 충분하다. 이 경우 컴파일 언어가 잘 맞는다. 그런데 머신러닝 개발은 한 번의 계획이 일사천리로 진행되어 전체 인공지능 개발이 끝나는 경우가 거의 없다. 훈련 데이터 수집, 전처리, 저장, 모델 생성, 모델 성능 검증의 과정이 수없이 반복되어야 한다. 마치 도자기 장인이 하나의 도자기 명품을 만들기 위해서 수많은 도자기를 새로 굽고, 마음에 들지 않는 것들은 깨부수는 과정을 반복해야 하는 것과 같다. 처음의 계획이 한 치의 오차도 없이 진행되는 모습이라기보다는 수많은 시행착오와 새로운 시도가 반복되고 중첩되는 모습이기 때문에 폭포수 모델은 잘 맞지 않는다. 그래서 머신러닝 개발에서는 폭포수 모델보다는 애자일(Agile) 개발 방법론을 주로 쓴다. 이 방법은 개발 대상을 다수의 작은 기능으로 분할하여 하나의 기능을 하나의 반복 주기 내에 개발하는 방법이다.

애자일 개발 방법론의 경우에는 상대적으로 수정이 쉽고 유연한 프로그램 언어가 더 유리하기 때문에 인터프리터 언어가 유용하다. 파이썬은 애자일 개발 방법론에 잘 맞는 인터프리터 언어이면서도 컴파일 언어와 버금가는 성능을 구현할 수 있는 프로그램 언어이기 때문에 머신러닝 개발을 위한 프로그래밍 언어로는 최적이라고 할 수 있다. 파이썬은 현재 가장 많은 프로그래머들이 애용하고 있는 프로그래밍 언어이고, 최근 가장 가파르게 사용자가 증가하고 있는 프로그래밍 언어이기도 하다.[30)]

닭 잡는 칼인 통계와 소 잡는 칼인 머신러닝이 두부나 무 자르듯이 정확하게 구분되는 것이 아니다. 서로 겹치는 부분이 많기 때문에 머신러닝을 하려는 사람은 통계 공부도 게을리 하지 않는 것이 좋다. 또한 머신러닝 개발을 잘하기 위해서는 행렬, 미분방정식, 공간벡터, 복소수의 극좌표, 상관관계와 회귀분석을 잘 알아야 한다. 즉, 머신러닝을 제대로 하려면 수학 실력도 뒷받침되어야 하는 것이다.

구글이 개발하여 공개한 텐서플로(tensorflow)는 대표적인 딥러닝 개발 도구이다. 방향 없이 값만 존재하는 것을 스칼라(Scalar), 방향이 존재하는 값을 벡터(Vector)라고 하는데, 2개 이

30) 박응용(2017), Do it! 점프 투 파이썬, 이지스퍼블리싱

상의 독립적인 방향을 나타낼 때는 텐서(Tensor)를 사용한다. 학창시절에 플레밍의 왼손법칙으로 F=BI를 배우기도 했는데, 이것이 바로 텐서다.

수없이 많은 텐서들의 연결된 흐름으로 딥러닝을 구성하여 훈련시키는 이미지를 염두에 두고 구글이 이름을 텐서플로라고 지은 것이다. 가장 많이 사용되는 칼이나 도마, 냄비 같은 음식 조리도구인 셈이고 케라스(Keras), 파이토치(PyTorch), Caffe, MxNet, CNTK 등의 다른 머신러닝 개발 도구를 활용할 수도 있다.

위 4가지 방법처럼 인공지능을 다룰 수 있는 방법은 다양하다. 어떤 방법이든지 인공지능을 잘 다루기 위해서는 사람의 판단력에 대한 확신을 내려놓아야 한다. 그런 다음에 인공지능의 틈을 사람만이 가능한 능력으로 채워야 한다.

삶의 유한함을 알고 있기 때문에 가질 수 있는 감정을 기반으로 가치판단과 창조적인 시도를 하고 이런 과정에서 오류와 의외성을 동반하는 것이 바로 인간이 인공지능의 틈을 메우기 위해 해야 하는 일이다.

위와 같이 인공지능을 잘 다루고 인공지능이 못하는 일을 해내는 사람은 100여 년 전 기계장치 도입 후에 프로 스포츠 선수들의 몸값이 폭등한 것처럼, 인공지능 시대에 더 가치 있는 사람이 될 것이다.

회사에 인공지능 전담팀 만들기

자신이 속한 조직이 인공지능을 잘 활용하기 위해서 인공지능 전담팀을 반드시 만들어야 하는 것은 아니다. 하지만 인공지능 전담팀을 만들 수 있는 자원이 충분하다면 장기적으로는 더 효과적일 수 있다.

인공지능 전담팀에게 필요한 가장 중요한 역량은 소프트웨어 개발 역량이라고 오해하는 경우가 많은데, 사실은 그렇지 않다. 앞에서도 언급한 것처럼 실제 인공지능 개발을 할 때 필요한 시간과 노력 중에서 소프트웨어 개발은 약 20퍼센트 정도 밖에 차지하지 않는다. 소프트웨어 개발 경험과 기술이 전무한 사람도 파이썬 프로그래밍 언어를 독학하고 연습할 수 있다면 인공지능 개발에 필요한 소프트웨어 개발 역량은 충분히 확보할 수 있다. 인공지능 전담팀은 인공지능을 적용하려고 하는 산업을 잘 알고 있어야 하고, 인문학적 소양, 통계, 수학적 지식, 경영학에 대한 기본 이해를 갖추고 있어야 한다.

머신러닝을 활용하여 분류 또는 분석을 하는 모델을 만드는 일은 아주 협소한 머신러닝 기술이라고 볼 수 있다. 그런데 이 협소한 머신러닝 기술만을 가지고 인공지능 개발을 할 수 있다고 오해하는 경우가 많다. 머신러닝 모델을 만드는 일은 전체 머신러닝 프로젝트에서 아주 일부분일 뿐이다. 완벽하게 준비된 훈련 데이터를 가지고 머신러닝 모델을 만드는 일은 남이 부대찌개 요리 준비를 다 해 준 상태에서 재료를 넣고 끓이는 것과 같다.

해당 분야를 이해하기 위한 공부를 하고, 기존에 존재하는 시스템으로부터 빅데이터를 수집하고, 전처리하고 저장하는 것을 끊이지 않고 계속해서 할 수 있는 환경과 시스템을 만들 수 있어야 한다. 이 기반 위에 머신러닝 모델을 반복적으로 만들어 볼 수 있다. 머신러닝 모델의 성능을 검증하고 결과를 현실 세계에서 실제로 활용할 수 있도록 하는 작업까지 해낼 수 있어야 한다.

소프트웨어 개발 역량만이 인공지능 전담팀에게 필요한 역량의 전부도 아니고, 협소한 의미의 머신러닝 기술(머신러닝 모델을 만드는 기술)도 인공지능 전담팀이 갖춰야 하는 역량의 전부가 아니다. 머신러닝을 잘 수행하고, 결과를 잘 활용할 수 있도록 환경을 조성하고, 이해관계자들을 설득할 수 있는 통합적인 문제 해결 능력이 더 중요하다.

인공지능 전담팀은 인공기술 트렌드를 빠르게 쫓을 수 있어야 한다. 인공지능 기술은 클래식 음악처럼 권위의 영향을 받는 분야라기보다는 대중음악처럼 시장의 평가를 즉각적으로 받는 분야다. 저명한 교수가 아닌 고등학생이 만든 인공지능 기법을 가져다가 적용해 보니 성능이 뚜렷하게 개선된다면, 망설이지 않고 받아들인다. 자신이 만들고 있는 인공지능 기술에 집착하기보다는 지금 이 순간에도 전 세계 누군가에 의해서 더 발전된 인공지능 기술을 개방적으로 수용할 수 있어야 하는 것이다.

인공지능 전담팀은 인공지능 기술 자체를 연구하는 데 역량을 쏟는 것보다는 전 세계에 오픈소스 형태로 개방되어 있는 인공지능 기술을 자신의 조직에 효과적으로 적용하기 위한 방안을 연구하는 데 훨씬 더 많은 시간과 노력을 쏟아야 한다.

미용 기술을 아무리 많이 공부해도 실제로 가위를 가지고 머리카락을 잘라보지 않으면 기술을 쌓을 수 없다. 이같이 인공지능 기술도 현실세계에서 실제로 적용해 보는 경험을 많이 쌓아야 한다. 처음부터 큰 인공지능 프로젝트를 하는 것보다는 작은 규모의 인공지능 프로젝트부터 시작해서 성공 또는 실패의 경험을 계속 축적해야 한다. 이렇게 쌓인 경험을 전사적으로 공유해서 조직의 큰 자산이 되도록 해야 한다.

인공지능 기술을 조직 내에 적용하는 시도를 할 때, 조직의 전략, 경영 혁신, 신사업 추진은 그대로 두고 인공지능 기술만을 적용해서는 안 되고, 인공지능 기술의 적용 성과가 향상되는 방향으로 전략, 경영 혁신, 신사업 추진 관점에서도 고민하며 새로운 시도를 병행해야 한다.

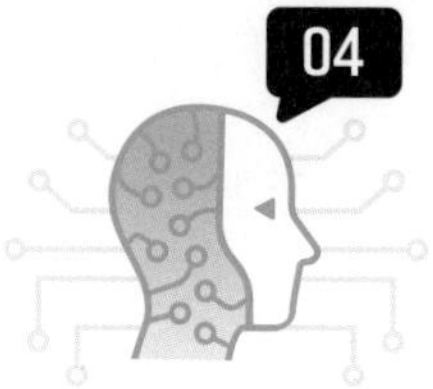

인공지능을 제대로 이해하고 활용하는 회사 만들기

혼자서 빅데이터, 인공지능을 잘 알고 활용하는 것보다 자신이 속한 조직이 빅데이터, 인공지능을 잘 알고 활용하도록 할 수 있다면 그 가치는 더욱 빛날 것이다. 대부분의 기업은 데이터베이스, 서버 등의 IT 시스템들을 내부적으로 가지고 있고, 이런 IT 시스템을 관리하고 있는 내부 인력도 보유하고 있다. 기업이 클라우드 컴퓨팅을 도입하면 데이터 저장 공간이나 컴퓨터 계산 능력을 외부에서 필요할 때마다 가져와서 쓸 수 있고, 사용량만큼 비용을 지불하면 된다. 클라우드 컴퓨팅을 도입하면 이론적으로는 IT 시스템의 규모를 줄일 수 있고, 시스템을 관리하던 내부 직원들 중 일부에게 다른 업무를 맡길 수 있다. 하지만 실제로는 클라우드 컴퓨팅을 도입했다고 해서 IT 시스템과 관련된 예산을 대폭 줄이고, 인력을 재배치하는 사례는 많지 않다. 기업의 전략과 조직 문화는 그대로 둔 상태에서 클라우드 컴퓨팅이라는 신기술만을 도입했기 때문에 제대로 된 효과를 보지 못하는 것이다. 전략 기획, 경영 혁신, 신사업 추진이 선행되지 않은 상태에서 신기술만 도입하는 것은 일회성 이벤트로 끝날 가능성이 높다.

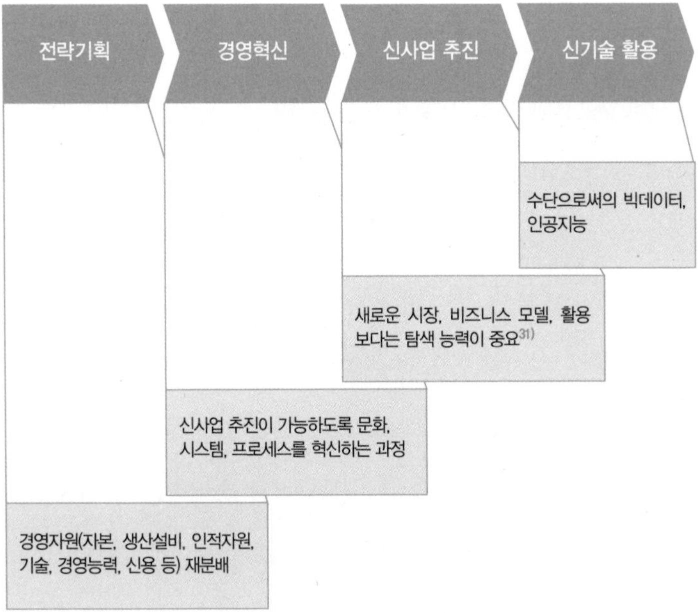

인공지능 기술이 조직에 제대로 스며들기 위해서는 조직 경

영 자원(자본, 생산 설비, 인적자원, 기술, 경영 능력, 신용 등)의 우선순위를 어떻게 바꿀지를 결정하고, 바뀐 우선순위에 따라 재분배하는 전략 기획이 가장 먼저 선행되어야 한다. 이 단계는 그래도 최종 의사결정권자의 의지가 있다면 충분히 가능하다. 하지만 그 다음 단계인 경영혁신 단계는 전체 구성원들의 참여와 협력 없이는 성공할 수 없다. 신사업 추진이 가능하도록 조직 문화, 시스템, 프로세스를 혁신하는 과정이 바로 경영혁신이다.

이 단계가 쉽지 않기 때문에 기존 조직을 바꾸는 것보다는 조직을 새로 만드는 것이 훨씬 더 효과적인 경우가 많다. 조직을 새로 만드는 효과를 보기 위해서 사내 벤처, 소사장제, 사업부제, 스핀오프(자회사를 만들어 분사시킨 후 기존 회사가 모회사로서 자회사의 지분을 갖는 방식) 등의 방법을 취하기도 한다.[32] 전략 기획과 경영 혁신까지 충분히 진행된 상태에서 신사업을 추진하는 집중력으로 빅데이터, 인공지능 등의 수단으로써의 신기술을 도입해야 한다. 빅데이터, 인공지능 등의 기술은 수단일 뿐이지 이 자체가

31) 조동성, 서울대 매커니즘 연구회(2007), 제4의 전략패러다임 M 경영, 한스미디어

32) 박응용(2017), Do it! 점프 투 파이썬, 이지스퍼블리싱

목적이 되어서는 안 된다.

컴퓨터에서만 인터넷을 이용하던 시장에서 스마트폰, 태블릿 PC 등 모바일 환경에서도 인터넷을 이용하는 시장으로 바뀌면서 많은 기업들이 도태되었다. 많은 기업들이 컴퓨터 모니터의 넓은 화면에서 모바일이라는 작은 화면으로의 형태 변화로만 인식하고 기존 조직을 변화시키지 못한 것이다.[33] PC 환경이 모바일로 바뀐 것은 단순히 인터넷 웹브라우저 화면의 크기만 작아지는 것이 아니었다. 인터넷을 보다 자주 손쉽게 활용 가능한 환경으로 바뀌었다는 뜻이었다.[34] 모바일 기술이 가져올 이러한 근본적인 변화를 이해하고 전략 기획, 경영 혁신, 신사업 추진을 처음부터 다시 시작한 회사들이 지금의 시장을 주도하고 있다.

약 20년 전 반디앤루이스는 오프라인 서점의 선두주자였다. 오프라인으로 책을 판매하는 사업 전략과 프로세스를 거의 그

33) 제임스 앤드류, 해럴드 서킨 지음/보스턴컨설팅그룹 옮김, 수익창출의 이노베이션, 북이십일_21세기북스
권오경, 김승욱, 김우봉, 김효근, 박주석, 이경전, 이봉규, 이재범, 이주량, 이호근, 정철용, 최석범, 황재훈(2010), 사례로 배우는 e비즈니스 V, 전국경제인연합회

34) 김중태(2011), 모바일 혁명이 만드는 비즈니스 미래지도, 한스미디어

대로 유지한 상태에서 인터넷 기술을 적용한 반디앤루이스는 크게 성장하지 못했다. 하지만 회사를 만들 때부터 인터넷으로 책을 판매하는 것을 염두에 두고 사업 전략과 프로세스를 구축했던 아마존은 큰 성공을 거두었다. 기업의 전략 기획, 경영 혁신, 신사업 추진은 그대로 두고 인공지능이라는 신기술만을 도입하는 것은 큰 의미가 없다.

전략 기획, 경영 혁신, 신사업 추진, 신기술 활용으로 이어지는 단계를 주도적으로 추진하는 것은 최종 의사 결정권자만이 가능한 것은 아니다. 본인이 중간 관리자나 신입사원이라도 자신의 권한과 책임 내에서 얼마든지 의견을 내고 실행시킬 수 있다.

2018년 1월 31일에 발표된 영국 경제 주간지 이코노미스트 산하 이코노미스트 통계 정보국의 발표에 의하면 대한민국의 민주주의 지수는 전 세계 20위이다. 해방 이후에 대한민국이 민주주의 제도를 수용한 것을 고려하면 높은 순위라고 볼 수 있다.

제도로서의 민주주의 도입이 대한민국보다 빨랐던 나라보다 대한민국의 민주주의 지수가 높은 것은 조선시대부터 민중들로부터 민주주의에 비견할 만한 고민과 시도를 지속적으로 해왔기 때문이다. 산업화와 근대화를 통해 시민 계층이 성장하지 못하면 제대로 된 민주주의를 정착시킬 수 없는데, 우리는 실학운동을 통해 산업화와 근대화의 기틀을 다지기 위해 노력했다.

동학농민운동은 기득권층의 저항과 외세의 개입으로 실패하고 말았지만, 반봉건 근대민족 운동이자 반침략적 민족운동으로써 삼일 운동에도 영향을 주었고, 이 운동은 다시 간디의 비폭력 저항운동에 영향을 끼쳤다. 동학농민운동이 우리나라와 세계사에 끼친 영향은 프랑스 대혁명에 못지않다.

남미 등의 지역에는 로마 교황청에 의해 파견된 선교사들에 의해서 천주교가 전파되는 경우가 많았다. 하지만 조선에서는 자생적으로 천주교가 전파되는 양상이었고, 오히려 조선의 천주교 신자들이 로마 교황청에게 신부를 보내 달라고 간청했다. 천주교의 남녀평등, 신분 차이 철폐, 평등과 박애사상은 조선시대 민중들이 원하는 것이었기 때문에 국가적 박해에도 불구하고 천주교 신앙은 널리 퍼져 나갔다.

실학운동, 동학농민운동, 서학(천주교)은 모두 위에서 아래로 시도된 것이 아니고 민중들로부터 시도된 노력이었다. 이런 노력이 지속된 바탕 위에 민주주의 제도를 받아들였기 때문에 상대적으로 빠른 시간 내에 민주주의를 정착시킬 수 있었던 것이다.

인공지능을 이해하고 활용하는 조직을 만드는 것은 최종 의사결정권자만이 할 수 있는 일이 아니다. 신입사원을 포함한 일선 현장 실무자들의 작은 관심들과 노력들이 장기간 모여서 끊임없는 시도가 이루어져야 인공지능을 제대로 이용하고 활용할 수 있다.

처음부터 거창한 인공지능 프로젝트를 해야 되는 것은 아니다. 인터넷에서 인공지능과 관련된 수많은 정보들과 기사들을 찾아서 볼 수 있고, 서점에서도 인공지능과 관련된 책들을 찾아서 읽을 수 있다. 늦은 밤, 케이블 TV의 채널을 하나씩 돌려보면 인공지능과 관련된 프로그램이 방영되고 있는 경우가 많다. 이런 프로그램을 보면서 인공지능에 대한 이해를 넓히는 것도 큰 도움이 된다.

이렇게 꾸준히 인공지능에 관심을 가지고 주위 사람들과 인공지능과 관련해서 대화를 해보고, 인공지능이 도입된 서비스들을 이용해 보는 노력들을 지속해야 한다. 이런 작은 노력들을 자신뿐만 아니라 자신이 속한 조직 내의 다른 구성원들도 할 수 있도록 독려하다 보면, 작은 규모의 인공지능 프로젝트를 실제로 하게 되고, 작은 인공지능 프로젝트에서 의미 있는 성취를

하게 되면 인공지능을 본격적으로 활용하는 조직으로 나아갈 수 있다.

20년 전에 수많은 조직들이 인터넷을 도입하는 과정에서 크고 작은 시행착오를 겪었지만 현재 시점에서 인터넷을 전혀 사용하지 않고 일을 하는 것은 상상하기 어려워졌다. 현재의 인공지능도 마찬가지다. 결국에는 인공지능을 제대로 이해하지 못하고 활용하지 못하는 조직은 그렇지 않은 조직들에 의해서 도태될 수밖에 없다. 작은 시도를 지속적으로 이어나가는 것이 자신이 속한 조직을 인공지능을 제대로 이해하고 활용하는 곳으로 만드는 지름길일 것이다.

Part 4. 인공지능을 제대로 이해하고 활용하는 회사 만들기 – 참고문헌 참고

인문학을 알아야 인공지능도 발전한다

과거 기계장치가 산업현장에 본격적으로 도입된 이후에 단순히 힘만 쓰면 되는 일들은 기계가 인간을 대체했다. 그리고 인간은 좀 더 고차원적인 일을 하는 데 시간을 할애했다. 마찬가지로 인공지능 시대가 본격적으로 시작되면서 가치판단과 창조성이 필요하지 않은 일들은 인공지능에게 맡기고 가치판단과 창조성이 필요한 일에 인간은 더 많은 시간을 할애할 것이다. 주판이 계산기를 거쳐 컴퓨터로 진화했다고 해서 수학이 불필요해진 것이 아니다. 오히려 더 수학적인 사고능력이 필요해졌다. 데이터를 인공지능이 다루는 것이 본격화될수록 인간이 가치판단과 창조성을 발휘하는 능력이 더욱 중요해질 것이고, 이것은 결국

인문학적 소양이 뒷받침되어야 가능하다.

구글 딥마인드가 기술을 과시하기 위해 로봇 팔로 바둑알을 놓았거나, 드론으로 바둑알을 떨어트렸다면 알파고는 실패했을 것이다. 바둑이 대한민국 사람들에게는 단순한 스포츠가 아니라 예의이자, 도라는 것을 이해하고 아마추어 바둑 6단인 아자 황 딥마인드 수석 엔지니어가 양복을 갖춰 입고 대국에 임했기 때문에 사람들에게 인공지능을 이해시킬 수 있었다. 인공지능 기술의 과잉 사용을 참고, 인문학을 기반으로 인공지능을 이해하고 활용해야 한다.

영화 기생충이 해외에서 큰 성공을 거둘 수 있었던 이유 중 하나는 잘 번역된 자막이다. 한국에서 산지 무려 23년째인 번역가 달시 파켓은 기생충의 한국적인 정서를 미국 사람들이 잘 이해할 수 있도록 훌륭하게 번역했다. 기계적으로 정확한 번역은 인공지능이 인간 번역가보다 훨씬 더 잘 할 수 있다. 하지만 기존 언어를 쓰는 사람들의 정서를 이해하고 그중 탁월한 단어를 선택하는 것은 인공지능에게는 아직 어렵다.

"아침 먹었니?"라는 한국어를 전문가 시스템으로 번역하면

"Did you eat breakfast?"가 될 것이다. 이 번역은 틀린 것은 아니지만, 한국 사람들이 "아침 먹었니?"라는 말을 할 때의 뉘앙스를 완전히 이해한 번역은 아니다. 정말로 아침을 먹었는지가 궁금해서 이렇게 물어보는 것이 아니라 잘 지내는지? 어떻게 지내는지 궁금해서 안부를 물어보는 차원일 경우가 많기 때문이다.

머신러닝은 수많은 사례를 기반으로 한국 사람들이 "아침 먹었니?"라는 표현을 할 만한 전체 문맥상의 시점에서 미국 사람들은 "How are you?"라는 표현을 주로 쓰는 것을 발견하고, "아침 먹었니?"를 "How are you?"로 번역해 줄 수도 있다. 하지만 이런 식의 번역은 과거에 미국 사람들이 한국 사람들이 "아침 먹었니?"라는 표현을 쓸 만한 시점에서 "How are you?"라는 표현을 했었다는 사례를 가지고 번역을 하는 것이다. 만약 미국 사람들이 오늘부터 이런 상황에서 "Hi guys"라는 표현을 쓰기 시작했고, 이 표현이 유행하기 시작한다면 머신러닝은 이 표현을 하기가 어렵다.

달시 파켓의 번역은 직역도 아니고, 이런 식의 한국어 표현을 미국 사람들은 주로 어떻게 표현하는지에 대한 사례를 기반으로 번역을 한 것도 아니다. 그가 새로운 표현을 창조한 것이다. 달시 파켓처럼 창조적인 번역을 하기 위해서는 한국어와 영어만을 잘 알아서 되는 것이 아니고, 한국 사람과 한국 문화 그리고 미국 사람과 미국 문화에 대한 깊이 있는 이해와 자신만의 관점이 필요하다. 즉, 문장 자체보다 인간에 대한 이해가 있어야 이런 번역이 가능한 것이고, 인문학이 뒷받침되지 않으면 인간을 제대로 이해할 수 없다.

해외여행을 다녀오면 그동안 당연하게만 느껴지던 우리나라에서의 문화와 일상이 다르게 보이는 경우가 많다. 인공지능에 대해서 관심을 갖고 많은 고민과 시도를 해보면, 우리가 그동안 당연하게 생각해 오던 인간과 인간다움에 대한 관점이 전혀 다르게 보인다. 인터넷이 본격적으로 도입된 이후에 기존 비즈니스와 프로세스를 어색하고 다르게 바라봤던 개인과 조직은 새로운 기회를 잡았다. 컴퓨터가 아닌 스마트폰, 태플릿 PC등의 모바일 환경이 본격화 된 이후에도 기존 비즈니스와 프로세스를 다른 관점에서 바라봤던 이들에게 기회가 열렸다.

앞으로 인공지능 활용이 본격화된 이후에도 인간이란 무엇인지, 인간다움이란 무엇인지에 대해서 고정관념을 깨고 다른 관점에서 바라볼 수 있는 개인과 조직에게 더 큰 기회가 열릴 것이다.

인공지능을 이해하고 활용하기 위해서 노력하고 시도하는 과정에서 그동안 당연한 일상처럼 느껴졌던 인간과 인간다움에 대한 관점이 다르게 보일 것이다. 여행을 다녀온 후에 당연했던 일상이 달리 보이듯이 인간이 무엇을 할 수 있는지, 또 무엇을 해야 하는지 다르게 보이도록 하는 길을 인공지능이 열고 있다. 인공지능이라는 거울을 통해 우리 자신에 대해서 좀 더 관심을 갖고 바라볼 때가 바로 지금인 것이다.

자신의 생각과 상상력을 넓혀라

870부터 930년대까지 1만 명이 넘는 바이킹 후예들이 노르웨이 지역을 떠나 아이슬란드로 정착했다. 982년 아이슬란드에서 살인죄로 3년의 해외 추방형을 선고받은 붉은 머리 에리크는 수백 킬로미터를 서쪽으로 항해한 끝에 지금의 그린랜드를 발견했고, 이곳에서 추방 기간을 보냈다.

그린랜드가 생각보다 살만한 곳이라고 느낀 에리크는 추방 기간이 끝나고 아이슬란드로 돌아온 뒤 그린란드로 자신과 같이 가서 정착할 사람들을 모았다. 약 400명의 이민자가 그린란드에 도착해서 정착 생활을 시작했고, 에리크의 아들인 에릭손은 그린란드에서 서쪽으로 계속 탐험한 끝에 지금의 아메리카를 발견했다. 에릭손 일행은 아메리카로 옮겨와 정착했지만 원주민과의 싸움에 지쳐 20년 만에 다시 그린란드로 돌아갔다.[35]

명나라의 정화 제독이 콜럼버스가 아메리카를 발견한 1492

년보다 72년이 빠른 1421년에 아메리카를 먼저 발견했다는 설이 있다. 이 설이 사실이라고 해도 중국을 세상의 중심이라고 여기고, 중국 주변 국가들을 오랑캐라고 부르던 명나라 입장에서는 많은 도전을 감수하고 아메리카로 진출할 필요는 느끼지 못했을 것이다.

1492년에 콜럼버스가 아메리카를 발견한 직후에 유럽인들이 아메리카로 본격적으로 이주했던 것은 아니다. 잉글랜드는 아일랜드를 탄압하기 위해서 부모가 죽으면 땅을 포함한 모든 유산

35) 중앙Sunday 2015년 4월 26일 기사, 〈세계화는 어떻게 진화했나〉 콜럼버스보다 500년 앞서 아메리카에 상륙한 바이킹, https://news.joins.com/article/17671553

을 자식들에게 균등하게 상속해야 하는 법을 만들었다. 이 법이 만들어지기 전에는 아버지의 토지는 장남에게 모두 상속되고, 장남은 이 토지를 근간으로 농사를 지어 다른 형제들을 보살폈다. 그리고 둘째는 승려가 되고 셋째는 장사를 하는 식으로 생업을 이어갔다. 하지만 잉글랜드에 의해서 토지를 형제들에게 균등하게 나누다 보니, 세대가 내려갈수록 토지가 바둑판처럼 쪼개지게 되었다. 이렇게 경작할 수 있는 토지가 작아지다 보니 규모가 큰 작물은 재배할 수 없게 되었다.

결국 거의 모든 아일랜드 사람들이 감자 농사만을 짓는 상황이 일어났고, 1845년부터 1852년 사이에 감자 역병이 돌면서 아일랜드에 대기근이 일어나 약 100만 명이 죽었다. 아일랜드 인구의 20퍼센트에서 25퍼센트가 감소하는 상황이 된 것이다. 아일랜드 사람들은 더 이상 남아 있다가는 죽을 수밖에 없겠다는 것을 깨닫고 목숨을 걸고 아메리카로 건너가기 시작했다.[36] 이때가 바로 유럽인들의 아메리카 진출이 본격화된 시점이다.

---

36) 마이클 헬러 지음/윤미나 옮김(2009), 소유의 역습 그리드락, 웅진지식하우스

실제로 유럽인들이 아메리카 진출을 시작한 것은 바이킹의 아메리카 발견, 명나라 정화 제독, 콜럼버스의 아메리카 발견보다 훨씬 더 뒤의 일이다. 아메리카 대륙은 수억 년 전부터 이미 그 자리에 존재해 있었다. 인류가 아메리칸 대륙을 발견한 것이 아니라 아메리칸 대륙에 대한 인류의 새로운 생각과 기대를 발견했던 것이다.

인공지능은 누군가에게는 조선 말기 쇄국정책의 대상이었던 서양문물처럼 받아들여 질 수도 있고, 또 다른 누군가에게는 마치 모든 것을 해결해 줄 수 있는 만병통치약처럼 여겨질 수도 있다. 세상에 나온 지 70여 년이나 된 오래된 기술인 인공지능은 오늘도 이제 막 알에서 부화한 바다거북이 파도를 향해 느릿느릿 걸어가듯이 천천히 발전하고 있다.

인공지능 기술 자체는 인터넷 기술처럼 깊이 있는 수준까지 정확하게 알지 못해도 충분히 수단으로써 다룰 수 있다. 물에 빠지는 것이 두려워서 눈앞에 다가온 인공지능 파도를 멀리하느냐, 인공지능 파도를 활용해서 자신이 원하는 세계로 나아가느냐는 온전히 자신의 상상력과 생각의 크기에 달려 있다.

- 박병천 외(2011), 한글 글꼴 용어사전, 세종대왕기념사업회
- 김환표(2013), 트렌드 지식 사전 1, 인문과사상사
- 김대호(2016), 4차 산업혁명, 커뮤니케이션북스
- 김정섭(2019), 초연결사회의 탄생 모든 것은 어떻게 연결되었나, 위키미디어
- 정용찬(2013), 빅데이터, 커뮤니케이션북스
- 최은수(2018), 4차 산업혁명 그 이후 미래의 지배자들, 비즈니스북스
- 유영갑, 송영준, 김동우(2009), 인간 감각 정보를 위한 평생 기억용량 평가, 한국콘텐츠학회논문지 제9권 제1호(2009년 1월)
- 이재현(2013), 멀티미디어, 커뮤니케이션북스
- 스튜어드 러셀, 피터 노빅 지음/류광 옮김(2016), 인공지능 현대적 접근방식 1/2, 제이펍
- 두산백과, www.doopedia.co.kr
- 블로터 2020년 2월 6일 기사, 스타벅스가 '데이터 비즈니스의 신'이 되기까지, http://www.bloter.net/archives/370212
- 신재명(2016), 신재명의 축구 경기 분석, 한스미디어
- 트리비스 소칙 지음/이창섭 옮김(2015), 빅데이터 베이스볼, 처음북스
- 한현욱(2018), 4차 산업혁명 시대 이것이 헬스케어 빅데이터이다, 클라우드나인
- 잇월드 기사(2016년7월21일), 구글딥마인드, 데이터센터냉각전력40% 감소시켰다 http://www.itworld.co.kr/news/100423
- 손건태(2014), R을 활용한 전산통계개론 – 통계적 모의실험과 추정 알고리즘, 자유아카데미
- 김성우(2019), 내 아이에게 수학이 스미다, 도서출판 봄들

- YTN 기사(2017년 3월 5일), '여기 승객 많아요' 베테랑 기사도 두손 든 'AI 택시' https://www.ytn.co.kr/_ln/0104_201703050252123160
- 테크 스케치 http://blog.naver.com/complusblog/221243306163
- 이원하(2017), 파이썬을 이용한 빅데이터 수집, 분석과 시각화 – 페이스북, 트위터, 네이버, 공공, 일반 웹 데이터 기반, 러닝스페이스
- 아시아경제 2017년 11월 1일 기사, 〈역사 속 오늘〉 베를린 장벽 무너뜨린 샤보브스키 "실수였지만 가장 의미 있는 날", https://www.asiae.co.kr/article/2017110114284305857
- 동아사이언스 기사(2017년 8월 2일), 페이북 AI가 만들어낸 알 수 없는 언어 – 두려워해야 할까?, http://dongascience.donga.com/news/view/19215
- 레이 커즈와일 지음/장시형, 김명남 옮김(2007), 특이점이 온다, 김영사
- 조용일(2015), 글로벌프로젝트 관리와 갑을문화, 세진사
- 송석리, 이현아(2019), 모두의 데이터 분석 with 파이썬, 도서출판 길벗
- 박응용(2017), Do it! 점프 투 파이썬, 이지스퍼블리싱
- 조동성, 서울대 매커니즘 연구회(2007), 제4의 전략패러다임 M 경영, 한스미디어
- 박응용(2017), Do it! 점프 투 파이썬, 이지스퍼블리싱
- 제임스 앤드류, 해럴드 서킨 지음/보스턴컨설팅그룹 옮김, 수익창출의 이노베이션, 북이십일 – 21세기북스
- 권오경, 김승욱, 김우봉, 김효근, 박주석, 이경전, 이봉규, 이재범, 이주량, 이호근, 정철용, 최석범, 황재훈(2010), 사례로 배우는 e비즈니스 V, 전국경제인연합회
- 김중태(2011), 모바일 혁명이 만드는 비즈니스 미래지도, 한스미디어
- 사에구나 다다시 지음/정선욱 옮김(1995), 경영파워, 자유시대사
- 마이클 헬러 지음/윤미나 옮김(2009), 소유의 역습 그리드락, 웅진지식하우스
- 폴 크루구먼 지음/예상한, 한상완, 유병규, 박태일 옮김(2010), 폴 크루그먼 미래를 말하다, 웅진씽크빅
- 김영갑(2015), 창업성공을 위한 상권분석, 이프레스

〈Part 4, '인공지능을 제대로 이해하고 활용하는 회사 만들기' 참고문헌〉

- 폴 스로언 지음/심태호, 구세희 옮김(2009), 이노베이션 매뉴얼, 펜하우스
- 더브 사이드먼 지음/권기대, 김영옥 옮김(2009), 하우(HOW), 베가북스

- 존 코터 지음/한정곤 옮김(2007), 기업이 원하는 변화의 리더, 김영사
- 존 코터 지음/유영만, 류현 옮김(2009), 존 코터의 위기감을 높여라, 김영사
- 하워드 가드너 지음/이현우 옮김(2008), 체인징 마인드, 도서출판 재인
- 노나카 이쿠지로, 가쓰미 아키라 지음/남상진 옮김(2008), Think Innovation 경쟁자가 못하는 것을 하라, 북스넛
- 크리스토퍼 호에닉 지음/박영수 옮김(2009), 위기를 극복한 리더들의 생각을 읽는다, 도서출판 예문
- 피터 드러커 지음/남상진 옮김(2012), 피터드러커 매니지먼트, 청림출판
- 중앙Sunday 기사(2015년 4월 26일), 〈세계화는 어떻게 진화했나〉 콜럼버스보다 500년 앞서 아메리카에 상륙한 바이킹, https://news.joins.com/article/17671553